2020년 사회복지사 1급 대비 수험서
smart
사회복지 실천기술론

2020년 사회복지사 1급 대비 수험서

smart
사회복지
실천기술론

김한덕 편저

사회복지사 1급!
합격의 길로
동영상 강의와 함께하는
12일 완성
Key Point!!

에듀파인더
[edufinder.kr]

2020년 사회복지사 1급 대비 수험서

smart
사회복지 실천기술론

초판 인쇄 2019년 10월 20일
초판 발행 2019년 10월 25일

편저자 김한덕
발행인 권윤삼
발행처 (주) 연암사

등록번호 제16-1283호
주소 서울특별시 마포구 양화로 156, 1609호
전화 (02)3142-7594
FAX (02)3142-9784

값은 뒤표지에 있습니다. 잘못된 책은 바꾸어 드립니다.

ISBN 979-11-5558-056-1 14330
     979-11-5558-051-6 (전8권)

연암사의 책은 독자가 만듭니다.
독자 여러분들의 소중한 의견을 기다립니다.
트위터 @yeonamsa
이메일 yeonamsa@gmail.com

이 도서의 국립중앙도서관 출판시도서목록(CIP)은 서지정보유통지원시스템 홈페이지(http://seoji.nl.go.kr)와
국가자료공동목록시스템(http://www.nl.go.kr/kolisnet)에서 이용하실 수 있습니다.
(CIP제어번호: CIP2019037235)

머리말

저출산과 초고령사회로 치닫고 있는 지금, 우리나라도 다양하고 복잡한 사회문제들이 발생하고 있습니다. 특히, 1997년 말 IMF 외환위기 이후 선진국과의 무한경쟁을 위한 기업의 구조조정 과정에서 발생한 대량실업과 고용불안, 가족해체, 고착화되고 있는 저출산과 세계에서 가장 빠른 속도로 진행되고 있는 인구의 고령화 등에 따른 사회적 변화는 새로운 복지패러다임을 요구하고 있습니다. 20여년의 공직생활을 마치고 사회복지현장과 학교에서 사회복지를 20여년 가르치면서 가졌던 생각은 '사회복지를 통해 행복한 삶을 어떻게 추구할 수 있을까' 였습니다.

최근에 부각되고 있는 아동·노인·장애인·여성·한부모가족·다문화가족의 문제 해결, 독거노인·빈곤층 대책과 복지사각지대의 근절, 그리고 보다 질 높은 복지서비스를 요구하는 국민들의 요구에 부응하기 위하여 사회복지사의 역할과 책임은 매우 중요하다고 하겠습니다.

이에 본서에서는 사회복지실천의 3대 구성요소인 사회복지의 가치(70%), 지식(20%), 기술(10%)을 배우는 실천과목에 대한 1급 기출문제를 분석하면서 실천현장에서 사회복지전문가에게 꼭 필요하고 중요한 내용만을 정리하였습니다.

선발시험과 달리 자격시험은 선택과 집중이 중요합니다. 어려운 1~2과목은 과락이 되지 않도록 기출문제 중심으로 정리하고, 자신 있는 2~3개 과목은 고득점(80점) 할 수 있도록 집중하면 합격(60점)은 무난히 할 수 있습니다.

「이번에 1급 시험에 꼭 합격하여 훌륭한 사회복지사가 되겠다」는 각오로 시험에 임한다면, 틀림없이 꿈이 이루어지리라 믿습니다.

〈본 교재의 구성과 특징〉

- 수험생들이 전체적인 맥락에서 교과를 정리할 수 있도록 구성하였으며, 요점을 정리하였다.
- 2019년 8월말 현재까지 제정 및 개정된 법령을 반영하였으며, 최근 출제경향을 파악할 수 있도록 최근 기출문제를 수록하여 최신의 정보를 적극 반영하였다.
- 매단원마다 출제빈도가 높았던 부분을 표시(★)하고, 혼돈되거나 틀리기 쉬운 부분도 밑줄로 표시(___)하여 최종정리 시 도움이 되도록 하였다.
- 혼자 학습하거나 공부시간이 절대적으로 부족한 수험생들이 효율적으로 정리할 수 있도록 분량을 최소화하도록 하였다.

[사회복지사 1급 자격제도 안내]

◆ 사회복지사

- 사회복지사 1급은 사회복지학 전공자, 일정한 교육과정 이수자, 사회복지사업 경력자로서 국가시험에 합격하여 보건복지부장관의 자격증을 받은 자를 말한다.
- 사회보장급여의 이용 · 제공 및 수급권자 발굴에 관한 법률 제43조는 사회복지사업에 관한 업무를 담당하게 하기 위하여 시 · 도, 시 · 군 · 구 및 읍 · 면 · 동 등에 사회복지사 자격증을 가진 사회복지전담공무원을 두도록 규정하고 있다.
- 사회복지사는 사회복지 프로그램을 개발 · 운영하고 시설거주자의 생활지도를 하며 청소년, 노인, 여성, 장애인 등 복지대상자에 대한 보호 · 상담 · 후원업무를 담당한다.

◆ 사회복지사 자격의 특징

사회복지사의 자격증은 현재 1, 2급으로 나누어지며, 1급의 경우 일정한 학력과 경력을 요구하고 또한 국가시험을 합격하여야 자격증이 발급된다. 2급의 경우 일정학점의 수업이수와 현장실습 등의 요건만 충족되면 무시험으로 자격증을 취득할 수 있다.

◆ 1급 시험 응시자격

〈대학원 졸업자〉

① 고등교육법에 따른 대학원에서 사회복지학 또는 사회사업학을 전공하고 석사학위 또는 박사학위를 취득한 자

② 다만, 대학에서 사회복지학 또는 사회사업학을 전공하지 아니하고 동 석사학위를 취득한 자는 보건복지부령이 정하는 사회복지학 전공교과목과 사회복지관련 교과 목 중 사회복지 현장실습을 포함한 필수과목 6과목 이상(대학에서 이수한 교과목 을 포함하되, 대학원에서 4과목이상을 이수하여야 한다), 선택과목 2과목 이상을 각각 이수하여야 한다.

〈대학 졸업자〉

① 고등교육법에 따른 대학에서 보건복지부령이 정하는 사회복지학 전공교과목과 사 회복지 관련 교과목을 이수하고 학사학위를 취득한 자

② 법령에서 고등교육법에 따른 대학을 졸업한 자와 동등 이상의 학력이 있다고 인정 하는 자로서 보건복지부령으로 정하는 사회복지학 전공교과목과 사회복지관련 교 과목을 이수한 자

〈외국대학(원) 졸업자〉

외국의 대학 또는 대학원(단, 보건복지부장관이 인정한 대학 또는 대학원)에서 사회 복지학 또는 사회사업학을 전공하고 학사학위 이상을 취득한 자로서 대학원 졸업자 와 대학졸업자의 자격과 동등하다고 보건복지부장관이 인정하는 자

〈전문대학 졸업자〉

① 고등교육법에 의한 전문대학에서 보건복지부령이 정하는 사회복지학 전공교과목 과 사회복지관련 교과목을 이수하고 졸업한 자로서 시험일 기준 1년 이상 사회복 지사업의 실무경험이 있는 자

② 법령에서 고등교육법에 따른 전문대학을 졸업한 자와 동등 이상의 학력이 있다 고 인정하는 자로서 보건복지부령이 정하는 사회복지학 전공교과목과 사회복지

관련 교과목을 이수한 자로서 시험일 기준 1년 이상 사회복지사업의 실무경험이 있는 자

〈사회복지사 양성교육과정 수료자〉
① 고등교육법에 따른 대학을 졸업하거나 이와 동등이상의 학력이 있는 자로서, 보건복지부장관이 지정하는 교육훈련기관에서 12주 이상의 사회복지사업에 관한 교육훈련을 이수한 자로서 시험일 기준 1년 이상 사회복지사업의 실무경험이 있는 자
② 사회복지사 3급 자격증 소지자로서 시험일을 기준으로 3년 이상 사회복지사업의 실무경험이 있는 자

◆ 응시 결격사유
금치산자 또는 한정치산자, 금고 이상의 형을 선고받고 그 집행이 끝나지 아니하였거나 그 집행을 받지 아니하기로 확정되지 아니한 사람, 법원의 판결에 따라 자격이 상실되거나 정지된 사람, 마약·대마 또는 향정신성의약품의 중독자는 응시할 수 없다.

◆ 시험방법

시험과목 수	문제 수	배점	총점	문제형식
3과목(8영역)	200문항	1점/1문제	200점	객관식 5지 선택형

◆ 시험과목

구분	시험과목	시험영역	시험시간
1교시	사회복지기초(50문항)	• 인간행동과 사회환경(25문항) • 사회복지조사론(25문항)	50분
2교시	사회복지실천(75문항)	• 사회복지실천론(25문항) • 사회복지실천기술론(25문항) • 지역사회복지론(25문항)	75분
3교시	사회복지정책과 제도(75문항)	• 사회복지정책론(25문항) • 사회복지행정론(25문항) • 사회복지법제론(25문항)	75분

◆ 합격 기준

① 매 과목 40점 이상, 전 과목 총점의 60% 이상을 득점한 자를 합격 예정자로 결정하며, 합격 예정자에 대해서는 한국사회복지사협회에서 응시자격 서류심사를 실시하며, 심사결과 부적격자이거나 응시자격서류를 정해진 기한 내에 제출하지 않은 경우에는 합격예정을 취소한다.

② 필기시험에 합격하고 응시자격 서류심사에 통과한 자를 최종합격자로 발표한다.

◆ 사회복지사 자격활용정보

• 사회복지사 1급 자격증 소지자는 시 · 도, 시 · 군 · 구, 읍 · 면 · 동 또는 사회복지 전담기구에 사회복지전담공무원으로 일할 수 있다. 또한 지역복지, 아동복지, 노인복지, 장애인복지, 모자복지 등의 민간 사회복지기관에 취업할 수 있다. 이 외에도 학교, 법무부 산하 교정시설, 군대, 기업체 등에서 사회복지사로 활동할 수 있으며 자원봉사활동관리 전문가로 활동할 수도 있다.

• 사회복지사 1급 자격증 소지자는 의료사회복지 또는 정신보건 분야에서 일정한 경력을 쌓으면 시험을 통해 의료사회복지사나 정신보건사회복지사 자격을 취득하여 해당분야의 전문사회복지사로 활동할 수 있다.

◆ 사회복지사 1급 자격증 관계도

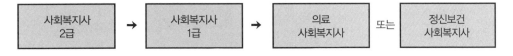

• 의료사회복지사

사회복지사 1급 자격소지자는 의료사회복지 실무경력 1년 이상, 또는 의료사회복지 연구 및 교육에 1년 이상의 경력을 가지고 있는 경우 의료사회복지사 자격시험에 응시할 수 있다.

• 정신보건사회복지사

① 사회복지사 1급 자격소지자는 보건복지부장관이 지정한 전문요원 수련기관에서 1년 이상 수련을 마치면 정신보건사회복지사 2급 자격증을 취득할 수 있다.

② 2급 정신보건사회복지사 자격 취득 후 정신보건시설, 보건소 또는 국가나 지방자치단체로부터 지역사회정신보건사업을 위탁받은 기관이나 단체에서 5년 이상 정신보건 분야의 임상실무경험을 쌓으면 정신보건사회복지사 1급 자격증을 취득할 수 있다.

• 사회복지사 2급

사회복지사 2급 자격소지자는 1년간의 실무경력을 갖추면 사회복지사 1급 자격시험에 응시할 수 있다.

시험시행 관련 문의

• 한국산업인력공단 HRD 고객센터: 1644-8000
• 한국사회복지사협회: 02) 786-0845

차 례

제7장 / 인지행동모델

제8장 / 백의 인지치료

1. 사회복지실천에서 기술의 개념

'기술' 이란 솜씨나 지식, 재능, 성격, 자원 활용능력 등으로 통용되는데, 사회복지실
천에서 '기술' 은 사회복지사가 실천활동을 수행함에 있어 사회복지실천의 가치 지식
에 기초하여 그 지식을 효과적으로 적용하여 클라이언트의 문제, 욕구, 능력을 사정
하여 자원개발과 사회구조를 변화시키는 숙련도를 의미함

2. 사회복지실천기술의 특징

① 다양한 이론이나 방법 등을 적절하게 사용하고 특정이론에 국한되지 않아야 함
② 기본적인 자질에 따라 달라질 수 있지만 지식의 개발이나 학습은 가치와 지식에
   근거, 훈련과 재교육 전문적 자문을 통해 향상
③ 현장은 다양하기 때문에 상황에 따라 그에 맞는 실천기술을 선택하고 활용하는 능
   력이 필요

3. 사회복지실천의 목적 ★★★

① 클라이언트에게 자원과 서비스 및 기회를 제공하는 체계들과 연결시키도록 원조

② 연결된 체계들을 효과적이며 인도적으로 운영토록 증진
③ 클라이언트의 문제해결과 처리능력을 향상시키도록 원조
④ 사회정책의 개발과 개선에도 공헌

4. 사회복지실천방법의 분류 ★★★

1) 개입수준에 따른 사회복지사의 역할(마일리)
(1) 미시적 수준(micro) - 직접개입 ★★★
① 개인의 가장 친밀한 상호작용과정에서 개입하는 실천활동으로 개인, 가족, 친구와
   같이 개별 클라이언트 차원에서의 문제해결을 위한 일대일 개입
② 클라이언트와 일대일로 접촉하면서 직접서비스를 제공하지만, 일대일 접촉에만
   제한되지 않음
③ 기술: 대인관계기술, 면접기술(문제해결지향)
④ 사회복지사의 역할: 조력자, 중개자/옹호자, 교사(교육가)

(2) 중범위 혹은 중간 수준(mezzo) - 소집단
① 클라이언트에게 직접적인 영향을 미치는 가족, 또래집단, 학급과 같은 즉, 개인이
   나 가족생활보다는 덜 밀접하게 관련된 자조집단, 치료집단, 학교, 직장, 이웃, 동
   료관계 등 공식적 소집단 문제해결을 위한 개입
② 기술: 집단역동성의 이해, 의사소통기술을 집단에 적용하는 기술
③ 사회복지사의 역할: 촉진자, 중재자, 훈련가

(3) 거시적 수준(mecro) - 조직, 지역사회 ★★★
① 주로 클라이언트를 직접 만나기보다는 특정 대상의 클라이언트를 대신하여 간접
   적인 사회복지서비스 지원 형태로 이루어지기 때문에 간접실천
② 클라이언트의 삶에 영향을 미치는 지역사회나 더 큰 체계인 사회의 문제해결을 위
   한 개입

③ 기술: 주민조직기술, 지역사회지도자나 정책결정자에게 접근하는 기술
④ 사회복지사의 역할: 계획가, 행동가, 현장개입가

(4) 전문가적 개입수준
① 사회복지 전문가 집단의 문제해결 개입
② 동료, 연구자/학자, 촉매자

2) 접촉 유무에 따른 사회복지사의 역할

(1) 직접실천 ★★★
① 클라이언트의 문제해결을 도모하는 실천방식으로 클라이언트를 직접 변화시키고
자 개인, 집단, 가족을 대상으로 클라이언트를 직접 대면, 개입하는 미시적 실천을
말하지만, 지역사회의 집단이나 단체들에 제공하는 거시적 방법들의 측면도 포함
② 예를 들어 상담, 교육, 정보제공, 가족치료, 집단 프로그램 운영, 장애아동 양육을
위한 부모상담 등

(2) 간접실천
① 사회적 지지체계나 자원들을 발굴 또는 연계하는 방법을 활용하거나, 서비스를 제
공하는 제도나 기구, 정책 등에 초점을 두는 실천방법으로 지역사회를 중심으로
클라이언트를 둘러싼 환경체계에 개입하는 방법
② 클라이언트를 직접 변화시키기보다는 클라이언트를 둘러싼 환경을 변화시켜 클라
이언트의 문제를 해결
③ 예를 들어 홍보활동, 자원봉사자 모집, 모금활동, 클라이언트의 옹호, 프로그램 개
발, 캠페인 활동 등

5. 사회복지사의 역할에 따른 기술

1) 미시적 수준의 역할

(1) 조력자(enabler)

클라이언트가 스스로 서비스 자원을 사용하여 문제를 해결할 수 있는 능력을 기르고 이를 활용할 수 있도록 돕는 기술

(2) 중개자(broker)

욕구가 있는 사람에게 적절한 서비스를 연결시키는 기술, "클라이언트 체계와 자원 체계를 연결 또는 연계한다"는 개념으로 클라이언트를 적절한 지역사회 서비스 자원에 연결시키는 역할

(3) 옹호자(advocator)

클라이언트를 대변해주는 역할로, 클라이언트가 자원 체계를 얻을 힘이 없을 때 역할이며 클라이언트가 자원과 서비스를 받을 권리를 유지하도록 돕거나 클라이언트에게 부정적 효과를 야기시키는 프로그램이나 정책을 변화시키는 운동을 적극적으로 지지하고 도와주는 역할

(4) 교사(교육자, teacher)

새로운 정보나 지식 기술을 배울 수 있도록 도와주고 가르치는 기술, 사회적 기능이나 문제해결능력을 향상시키는데 도움이 되는 적절한 정보를 제공하며 적응 기술을 익히도록 클라이언트를 가르치는 역할

2) 중범위 수준의 역할

(1) 촉진자(facilitator)

기관 또는 조직의 차원에서 조직의 기능이나 상호작용과 직원들 간의 협조나 지지, 정보교환을 촉진시키며 조직 간의 연결망을 강화시키는 역할

(2) 중재자(mediator)

기관 또는 조직의 차원에서 조직의 기능이나 상호작용과 직원들 간의 협조나 지지, 정보교환을 촉진시키며 조직 간의 연결망을 강화시키는 역할, 중립적 입장에서 갈등

을 해결하는 것이 핵심

(3) 훈련가(trainer)
슈퍼바이저의 역할 기관이나 조직 차원에서 전문적 개발을 위한 직원 오리엔테이션, 세미나, 워크숍, 슈퍼비전 등의 활동에 참여하여 전문가 교육이나 훈련을 담당하는 역할

3) 거시적 수준의 역할
(1) 계획가(planner)
정책 또는 프로그램을 계획하고 수립하는 역할 정책적 또는 거시적 차원에서 지역사회나 사회구조에 관심을 갖고 주민 전체의 욕구를 파악하고 지역사회 성원들이 필요로 하는 서비스 개발 및 기존의 서비스를 개선하는데 필요한 목표나 정책 또는 프로그램을 계획하는 역할

(2) 행동가(activist)
지역사회 수준의 사회행동 모형에서 이루어지는 적극적이며 급진적인 역할로서 지역사회나 거시적 차원에서 클라이언트의 이익과 권리를 침해하는 사회 불평등이나 문제점을 인식하고 사회정의와 평등에 관심을 갖고 소외된 집단의 힘과 자원 확보를 위한, 제도적 변화와 개인의 욕구 충족을 위한 서비스 환경 조성에 있어 행동 중심의 적극적 역할

(3) 현장개입가(outreach)
클라이언트를 기다리는 개념이 아니라 직접 지역사회로 나가서 클라이언트를 찾아나서는 활동으로, 클라이언트가 적절한 서비스를 찾을 수 있도록 원조하는 역할

4) 전문가 집단차원
(1) 동료
사회사업 실무나 전문직의 발전을 위한 전문가로서의 윤리를 지키고 전문가 조직의

참여를 통해 동료간의 지지를 제공하는 역할

(2) 촉매자
보다 효과적인 서비스전달체계의 발전 및 강화를 위한 활동으로서 타전문직의 협조를 구해 전문가 조직을 통한 국가적 국제적 활동을 수행하는 역할

(3) 연구자/학자
연구주제에 관한 문헌조사, 실무평가, 프로그램 분석, 욕구조사 등 전문직이론 발전과 사회복지실무나 프로그램을 향상하는 역할

01) 사회복지실천의 목적과 기능으로 옳지 않은 것은? (17회 기출)

① 사회정의의 증진

② 클라이언트의 삶의 질 증진

③ 클라이언트의 가능성과 잠재력 개발

④ 개인과 사회 간 상호유익한 관계 증진

⑤ 개인이 조직에게 효과적으로 순응하도록 원조

☞ 해설

사회복지실천의 기능 중 '조직이 사람에게 반응하도록 한다' 는 것은 사회복지실천 조직이 클라이언트에게 반응적인 조직이 되도록 한다는 뜻이다.

정답: ⑤

02) 사회복지실천의 개입수준과 활동이 바르게 연결된 것은? (16회 기출)

① 중시적(mezzo) 실천: 사례관리대상에게 주거환경 개선을 위한 청소서비스 제공

② 미시적(micro) 실천: 사회복지관에서 후원자 개발을 위한 행사 진행

③ 거시적(macro) 실천: 공동부조서비스의 적격성을 파악하기 위한 욕구사정 실시

④ 중시적(mezzo) 실천: 지역사회보장협의체에서 기관실무자 네트워크 회의 소집

⑤ 미시적(micro) 실천: 지역 특성에 맞는 주민 대상 프로그램 개발을 위한 지역조사 실시

☞ 해설

중시적 실천이란 기관이나 조직 내부, 기관이나 조직 간 상호작용 등에 개입하는 실천활동, 지역사회보장협의체에서 기관실무자 네트워크 회의를 소집하는 것은 집단 수준의 활동이므로 중시적 혹은 중범위적 실천이다.

정답: ④

제2장
|
사회복지사의 가치와 윤리

1. 사회복지사의 전문적 가치와 윤리 ★★★

1) 가치와 윤리

① 가치는 믿음 또는 신념과 같은 것으로 좋다 또는 싫다, 바람직하다 또는 나쁘다 등과 같이 선호하는 것에 대한 암묵적 견해

② 윤리는 '행동화된 가치' 로서 어떤 것을 해야 하는 의무나 책임, 즉 맞는 것 또는 옳은 것

③ 윤리는 가치에서 나오기 때문에 가치와 조화

④ 서비스의 목적과 우선순위에 관한 사회복지사의 결정은 가치선택을 반영하는데, 경험에 기초한 사회복지 지식은 한계가 있고 실천에 필요한 이론이 상대적으로 부족하기 때문에 사회복지사는 이론접근이나 양식을 적용 시 혼란

2) 사회복지사의 전문적 가치 ★★★

① 어떠한 직업이 전문직으로 인정되는 과정에서 그 전문직의 독특한 실천활동과 관련하여 요구되는 가치

② 기본적으로 해당 전문직 활동의 평가와 책임소재의 근거

③ 일반적으로 전문직이 속한 사회의 가치를 반영

④ 전문가로서의 업무수행에 윤리적 갈등이 발생

3) 사회복지사의 윤리강령

① 사회복지실천현장에서 윤리적 갈등이 생겼을 때 지침과 원칙을 제공하기 위해 고안된 것

② 윤리강령은 전문직을 외부의 규정으로부터 보호해주고, 클라이언트를 보호해 주는 기능

③ 사회복지 가치기준에 맞는 실천을 하였는가에 대한 행동기준과 판단기준

④ 일반 대중들에게 전문가로서의 사회복지 기본 업무 및 자세를 알리는 일차적 수단으로 기능

2. 사회복지실천과 윤리적 갈등

1) 사회복지의 윤리적 갈등(=윤리적 딜레마, ethical dilemmas)

① 윤리적 갈등이란 사회복지사가 전문가로서 지켜야 하는 윤리적 의무와 책무가 서로 충돌하면서 어떤 행동을 선택하는 것이 올바른 것인지 판단하기 힘든 상태

② 두 가지 이상의 도덕원칙 또는 의무가 동등하게 유용하다고 여겨지지만 이 원칙들이 서로 모순되거나 충돌하는 상황에서는 최선의 선택을 해야 함

2) 윤리적 갈등이 발생할 수 있는 3가지 범주

(1) 직접적인 개입활동과 관련된 윤리적 갈등

사회복지사는 개인, 가족, 집단을 대상으로 직접적 개입을 실천하는 과정에서 비밀보장, 자기결정권, 온정주의, 진실의 의무 등 여러 가지 윤리적 갈등의 충돌이 가치 선택에 있어 갈등을 발생

예) 만성질환자가 사회복지사에게 가족들 몰래 소극적 안락사를 요청하는 경우

(2) 사회복지 정책 및 프로그램 차원의 갈등

사회복지정책 및 프로그램을 기획하고 실행해 나가는 과정에서 발생하는 것으로 간접적인 사회복지 실천 활동에 있어 대표적으로 '분배문제'를 들 수 있음
예) 공급보다 수요가 많은 경우 우선순위의 문제

(3) 사회복지 조직체 및 동료 사회복지사와 관련된 윤리적 갈등

사회복지조직체 및 동료 사회복지사 사이의 관계와 관련된 것으로 사회복지 조직의 일원이자 근로자로서 사회복지사가 겪을 수 있는 갈등을 의미
예) 동료사회복지사의 알콜중독 증세를 알게 된 경우

3. 윤리적 의사결정의 지침 ★★★★

1) 로웬버그와 돌고프의 윤리적 원칙의 우선순위 ★★★

로웬버그와 돌고프는 서로 갈등을 빚는 상황에서 어떤 원칙이나 법적 의무를 우선시할 것인지 결정하는 것을 돕기 위해 '윤리원칙 준거틀'을 제시하였다. 여러 가지 원칙이 충돌하는 경우, 상위의 원칙이 더 우선적으로 적용
① 윤리원칙 1 - 생명보호의 원칙: 인간의 생명보호가 다른 모든 것보다 우선
② 윤리원칙 2 - 평등 및 불평등의 원칙: 능력이나 권력이 같은 사람들은 '똑같이 취급받을 권리'가 있고, 능력이나 권력이 다른 사람들은 '다르게 취급받을 권리'가 있음
③ 윤리원칙 3 - 자율과 자유의 원칙: 클라이언트의 자율성과 독립성, 자유는 중시되나 무제한적인 것은 아니라는 것으로서 자신이나 타인의 생명을 위협하거나 학대할 권리는 없음
④ 윤리원칙 4 - 최소해악의 원칙(최소손실의 원칙): 선택 가능한 대안이 다 유해할 때 가장 최소한으로 유해한 것을 선택
⑤ 윤리원칙 5 - 삶의 질의 원칙: 지역사회는 물론이고 개인과 모든 사람의 삶의 질을 좀 더 증진시킬 수 있는 것을 선택해야 함

⑥ 윤리원칙 6 – 사생활 보호와 비밀보장의 원칙: 사회복지사는 클라이언트에 대해서 알게 된 사실을 다른 사람에게 공개해서는 안 됨

⑦ 윤리원칙 7 – 진실성의 원칙(진실성과 정보공개의 원칙): 클라이언트와 여타의 관련된 당사자에게 오직 진실만을 이야기하며 모든 관련 정보를 완전히 공개해야 함

01) 가치와 윤리에 관한 설명으로 옳지 않은 것은? (14회 기출)

① 가치는 좋고 바람직한 것에 대한 믿음이다.

② 윤리는 옳고 그름을 판단하는 도덕적 지침이다.

③ 가치와 윤리는 불변의 특징을 지닌다.

④ 가치는 신념과 관련이 있고, 윤리는 행동과 관련이 있다.

⑤ 사회복지사 윤리강령은 법적 구속력을 가지지 않는 특징이 있다.

☞ 해설

가치와 윤리는 시대와 사회에 따라 달라질 수 있다. 조선시대에 중요시하는 가치와 현대사회에서 중요시하는 가치는 달라질 수 있고 미국과 우리나라의 윤리도 다르며 사람에 따라서도 서로 다른 가치를 가질 수 있으며 이의 영향을 받는 윤리의 내용도 다르다.

정답: ③

02) 로웬버그와 돌고프(Lowenberg & dolgoff)가 제시한 윤리적 의사결정의 우선순위를 순서대로 바르게 나열한 것은? (14회 기출)

> ㄱ. 생명보호의 원칙
> ㄴ. 자기결정의 원칙
> ㄷ. 삶의 질 향상의 원칙
> ㄹ. 정보개방의 원칙

① ㄱ-ㄴ-ㄷ-ㄹ ② ㄱ-ㄷ-ㄹ-ㄴ
③ ㄴ-ㄱ-ㄹ-ㄷ ④ ㄷ-ㄴ-ㄱ-ㄹ
⑤ ㄹ-ㄱ-ㄷ-ㄴ

☞ 해설

로웬버그와 돌고프의 윤리적 의사결정 우선순위는 윤리적 원칙 준거틀이라고도 한다. 여러 가지 원칙이 충돌하는 경우 상위의 원칙을 가장 먼저 적용한다.

• 윤리원칙1: 생명보호의 원칙
• 윤리원칙2: 평등과 불평등의 원칙
• 윤리원칙3: 자율과 자유의 원칙
• 윤리원칙4: 최소 해악(=손실)의 원칙
• 윤리원칙5: 삶의 질의 원칙
• 윤리원칙6: 사생활 보호와 비밀보장의 원칙
• 윤리원칙7: 진실성과 정보공개의 원칙(혹은 성실의 원칙)

정답: ①

제3장
|
프로이트의 정신역동모델

1. 정신역동모델의 기본개념 ★★★

1) 프로이트의 인간관

(1) 수동적 인간

① 인간의 행동은 무의식적인 성적본능과 공격적 본능에 의해 결정됨

② 인간의 행동은 기본적인 생물학적 충동과 본능을 만족시키려는 욕망에 의해 동기화됨

③ 인간의 자유의지, 책임감, 자발성, 자기결정과 선택을 할 수 있는 능력을 인정하지 않음

(2) 결정론적 인간

① 인간의 기본적인 성격구조는 초기 아동기 특히 만5세 이전의 경험에 의해 결정

② 인간은 과거의 생활경험에 의한 무의식적인 경험에 의해 행동과 선택을 결정하는 과거 속의 포로와 같은 존재

(3) 투쟁적 인간

① 인간은 자신의 행동을 극대화하기 위해 사회와 지속적으로 대항

② 인간은 무의식적인 내적 충동에 의해 야기된 긴장상태를 제거하여 쾌락을 추구하려는 속성을 지니고 있으며, 이를 방해하는 사회적 요인에 대해서는 지속적으로 대항하는 존재

2) 정신역동모델의 개념 ★★★

① 프로이트는 자유연상과 꿈의 해석 등을 통해 무의식 세계를 연구하기 위해 정신역동모델을 창시

② 정신역동모델은 문제해결과 사회적 기능의 향상을 목적으로 하는 사회복지실천에 유용한 이론으로 받아들여지면서 진단주의 학파를 형성한 모델로 문제행동이나 증상의 원인을 파악하고 이를 제거하는 장기적 치료절차

③ 정신역동모델은 정신분석이론이라고도 하며, 인간의 정신과 여러 가지 힘 사이의 관계를 다루는 이론

④ 정신역동모델은 인간의 마음속 깊은 곳에서 일어나는 서로 다른 다양한 힘들의 역동적인 상호작용을 강조

⑤ 정신역동모델의 기본 가정은 심리결정론(정신결정론)에 기초하는데 이는 인간의 모든 정신활동에는 목적이 있고 과거 발달과정에서의 경험에 따라 결정된다는 관점으로 생애초기의 경험을 중시

⑥ 인간의 동기 중 생물학적 욕구가 일차적으로 중요

⑦ 인간의 행동은 무의식에 가정하여 무의식적 동기는 본능적 에너지인 성적 욕구가 중요

⑧ 인간의 마음 혹은 정신은 다양한 힘들에 의해 서로 상호작용하는데 이를 에너지체계라고 함

⑨ 에너지체계는 에너지를 방출시키고 긴장을 감소시키려는 작용을 하게 되는데, 이때 에너지를 방출하고 긴장을 감소하고 싶은 개인과 통제를 가하는 사회는 갈등

3) 정신역동모델의 개입목표

① 클라이언트가 과거의 경험에서 갖게 된 불안한 감정이나 무의식적 갈등을 의식화
   하여 이러한 것들이 어떻게 현재 자신의 행동에 영향을 주고 있는지를 통찰하도록
   돕는 것이 개입목표
② 클라이언트가 자신을 좀 더 잘 이해하도록 하는 것, 즉 통찰을 획득하는 것이 목표

4) 지형학적 관점(의식의 수준): 의식, 전의식, 무의식 ★★★

프로이트는 지형학적 모델을 통해 의식의 수준을 구분 인간의 마음은 사고, 감정, 본
능, 충성, 갈등, 동기로 채워져 있는데, 대부분 무의식 혹은 전의식에 위치 무의식은
의식의 영역으로 쉽게 바뀌지 않지만, 전의식은 의식의 영역으로 쉽게 바꿀 수 있음

(1) 의식
① 의식은 주의를 기울이면 알아차릴 수 있고 현재 느끼거나 알 수 있는 모든 경험과
   감각
② 의식은 관심에서 벗어나면 전의식의 부분이 되어 더 이상 의식되지 않음
③ 의식은 정신생활의 극히 일부분만이 의식의 범위 안에 있음

(2) 전의식
① 의식과 무의식의 중간에 위치하고 있으며 두 가지의 교량역할
② 전의식은 의식속의 자료들이 저장되는 영역으로 흔히 이용 가능한 기억
③ 현재에는 의식되지 않지만 주의를 집중하면 쉽게 인식 가능하며 전의식에 저장된
   기억이나 지각, 생각 등을 의식으로 가져올 수 있음

(3) 무의식
① 프로이트가 가장 중요하게 생각한 부분은 무의식으로, 무의식은 정신 내용의 대부
   분에 해당하며 인간행동의 동기로 작용함
② 무의식은 인간 정신의 가장 크고 깊은 곳에 있으면서 우리가 자각하지 못하는 경
   험과 기억으로 구성되며, 의식적 사고와 행동을 전적으로 통제
③ 주로 원초아와 초자아로 구성되어 있으며, 방어기제도 무의식의 일부분

④ 대부분의 자료들은 '억압'이라는 기제를 통해 무의식 속에 들어가게 됨

⑤ 꿈의 해석과 최면, 자유연상을 비롯한 무의식의 자료들은 정신분석의 기법과 노력을 해서만이 무의식이 의식됨

5) 구조적 관점(성격의 구조): 원초아, 자아, 초자아 ★★★

(1) 원초아(id=본능자)

① 원초아의 정의

- 원초아는 무의식 안에 감추어진 일차적인 정신의 힘으로 즉각적이고 본능적 욕구
- 인간이 생존하는데 필요한 모든 본능 쾌락원리의 지배를 받음
- 일생 동안 그 기능과 분별력은 유아적인 수준에 머물러 있음
- 일차과정 사고는 바람직한 목적에 대한 상을 만들어냄으로써 소원을 충족하거나 긴장을 해소하려고 시도하는 과정으로서 무의식적이고 원초적인 정신기능

② 원초아의 특성

- 신체적 긴장을 경감시키는 데 필요한 대상의 기억표상을 만드는 일차적인 사고 과정
- 고통을 최소화시키고 쾌락을 최대화하여 즉각적인 만족을 구하고자 하는 쾌락 원칙을 중요시함

(2) 자아(ego=조정자)

① 자아의 정의

- 자아는 마음의 이성적인 요소, 출생하면서부터 경험을 통해 발달하게 되는데 생애초기부터 이드를 통제하여 이드와 갈등관계
- 원초아의 욕구를 현실적인 방법으로 충족시키기 위해 기능하고, 성격의 조정자로서 인간의 생각과 행동을 통제
- 현실을 판단하고 행동으로 실행하는 2차적 사고
- 자아는 개인이 객관적인 현실세계와 상호작용할 필요가 있을 때 원초아에서 분리

② 자아의 특성

- 현실적인 계획을 세울 때까지 만족을 지연하는 이차적 사고과정을 거침

– 현실원칙은 적절한 시기까지 긴장의 방출을 지연시켜, 궁극적으로 사회가 수용
가능한 형태로 만족을 얻고 이상적인 차원에서 행동의 결과를 평가하여 자신의
행동과정을 결정

(3) 초자아(superego=심판자)
① 초자아의 정의
- 초자아는 3~5세 사이에 발달하며, 자아로부터 발달하는데, 주요 기능은 옳고
그른 것을 결정하는 일, 즉 양심
- 쾌락보다는 안정을 추구하고 현실적인 것보다 이상적인 것을 추구
- 초자아는 성격의 도덕적인 부분 심판자로서 자아와 함께 작용하여 개인이 스스
로 자신의 행동을 조절할 수 있게 함
- 성격의 도덕적 판단(=도덕원칙)을 담당하며 이러한 판단은 부모의 상과 벌에 의
해 형성
② 초자아의 특성
- 상은 '자아이상'을 형성하고 도덕적으로 좋은 것에 대해 판단
- 벌은 '양심'을 형성하고 도덕적으로 나쁜 것에 대해 판단

01) 정신역동모델에 관한 설명으로 옳지 않은 것은?   (14회 기출)
① 현재의 문제를 과거의 경험에서 찾는다.
② 자유연상, 훈습, 직면의 기술을 사용한다.
③ 자기분석이 가능한 클라이언트일수록 효과적이다.
④ 클라이언트의 무의식적 충동과 미래의 의지를 강조한다.
⑤ 전이의 분석을 통해 클라이언트의 통찰력을 증진시킨다.

☞ 해설
정신역동모델은 클라이언트의 무의식적 충동을 강조하지만 미래의 의지를 강조하지
않는다. 오히려 과거의 경험이 현재에 미치는 영향을 중요시하여 클라이언트의 과거
를 강조한다.   정답: ④

02) 정신역동모델에 관한 설명으로 옳지 않은 것은?   (15회 기출)
① 심리적 결정론에 근거한다.
② 발달단계상의 고착과 퇴행을 고려한다.
③ 성장의지가 높은 클라이언트에게 효과적이다.
④ 통찰보다는 치료적 처방 제공에 초점을 둔다.
⑤ 원초아와 초자아 사이에 발생하는 불안과 긴장 해소를 위해 방어기제를 사용한다.

☞ 해설
정신역동모델의 개입 목표는 클라이언트의 통찰력 획득이다. 즉, 과거의 경험에서 갖
게 된 불안이나 무의식적 갈등을 의식화하여 이러한 것들이 어떻게 현재 자신에게 영
향을 미치고 있는지 알아차릴 수 있도록 통찰력을 갖게 한다. 따라서 정신역동모델은
클라이언트에게 무엇을 하라고 지시하는 치료적 처방 제공보다는 통찰 획득에 초점
을 둔다.
                                                            정답: ④

제4장
|
심리성적 발달단계와
방어기제의 활용기법

1. 프로이트의 심리성적 발달단계 ★★★★

1) 심리성적 발달단계의 개념

① 프로이트는 정신역동이론에서 성격이 심리성적 발달단계에 따라 형성

② 인간의 성격이 성적인 욕구와 관련하여 발달한다고 믿기 때문에 이를 심리성적발달이라고 정의

③ 프로이트는 인간은 유아기부터 청소년기까지 5단계에 걸쳐 성격이 발달한다고 보았으며, 발달은 리비도가 신체의 어느 특정 부위에 집중되느냐에 따라 구분된 것이고, 청소년기이후의 단계에 대해서는 그다지 중요하게 생각하지 않음

④ 다섯 단계 중에서 구강기, 항문기, 남근기가 성격형성에 가장 중요한 역할을 한다고 보았다.

⑤ 각 발달단계에서 개인은 특정 신체 부위에 에너지를 투입하고 집중하게 되는데, 각 발달단계를 성공적으로 통과하기 위해서는 적절한 정도의 만족을 얻어야 함

⑥ 특정 단계에서 만족이 지나치거나 과도한 에너지를 투입한 경우에는 고착이 일어나게 되는데, 고착은 개인이 완전한 성장에 도달할 수 있는 능력을 방해함

2) 심리성적 발달단계의 구성(=리비도의 집중부위) ★★★

(1) 구강기(출생~18개월) ★★

① 에너지의 초점이 입에 집중되어 있으며 생후 6개월까지는 주로 빠는 행위에서 쾌감을 느끼고, 이후에는 깨무는 것으로 쾌감

② 생존을 위해 타인에게 전적으로 의존

③ 리비도가 추구하는 방향은 타인이 아닌 자기 자신에게만 국한

④ 이 당시 신체적 · 정신적으로 무시당하거나 박탈당하는 아이는 성인이 된 후에 충족되지 못한 보살핌에 대한 강한 갈망을 경험하기 쉬우며, 타인에 대한 불신으로 대인관계가 어려울 수 있음 리비도는 욕망, 욕정, 원초아가 갖는 성적 에너지

- **구강 수동적 성격**

  과도 혹은 불충분한 경우 발달하는 성격, 낙천적이고 타인에게 의존적이며, 희생을 감수하면서도 인정을 받고 싶어 한다. 이러한 유형의 사람은 수동적, 미성숙, 과도한 의타심을 보이고 잘 속는 경향

- **구강 공격적 성격(구강가학적)**

  이가 나면서 깨물고 물어뜯음을 통해 불쾌 또는 불만족을 표현 이러한 유형의 사람은 논쟁적이고 비판적이며 비꼬기를 잘하며 타인을 이용하거나 지배하려 함

---

(2) 항문기(18개월~3세) ★★

① 에너지의 초점이 구강영역에서 항문영역으로 옮겨감 배변으로 생기는 항문자극에 의해 쾌감을 얻으려 하는 시기

② 배설과 관련된 활동은 즐거움을 주는 동시에 공격의 무기가 됨

③ 변을 보유하거나 배출하려는 유아의 즐거움이 배변훈련으로 통제하려는 부모 내지는 사회와 갈등

④ 엄격한 배변훈련은 성격에 많은 영향

> • 항문기 폭발적(공격적) 성격
>
> 아이는 일부러 지저분한 행동을 하기도 하고 성인이 되면 권위에 대한 불만을 불결, 무책임, 무질서, 고집, 난폭, 분노, 적개심을 보이는 행동을 함
>
> • 항문 강박적(보유적) 성격
>
> 항문기 경험으로 아동은 구강기의 전적인 의존에서 벗어나 자기조절, 자립, 의존 등을 경험하고 배우게 되며 적절한 배변훈련은 창조성과 생산성의 기초

(3) 남근기(3~6세) ★★

① 에너지의 초점이 성기에 집중되어 있는 시기로 아동의 주요활동은 성기를 자극하고 자신의 몸을 보여주거나 혹은 다른 사람의 몸을 보면서 쾌감

② 아동은 자기중심적인 성향이 있으며, 이 시기에 <u>남자아이는 오이디푸스 콤플렉스</u>를, 여자아이는 엘렉트라 콤플렉스를 경험

> • 오이디푸스 콤플렉스
>
> 남자아이가 어머니를 성적으로 사랑하게 되면서 경험하게 되는 딜레마 이때 남자아이는 아버지를 자신의 경쟁자로 바라보고 적대적인 감정을 갖게 된다. 아버지와의 적대관계로 아이는 <u>거세불안을 경험</u>하게 되고, <u>억압과 반동형성</u>이라는 방어기제를 통해 아버지를 점차 긍정적으로 인식하려고 노력
>
> • 엘렉트라 콤플렉스
>
> 여자아이는 아버지와 성적인 사랑에 빠지고 어머니를 자신의 경쟁자로 바라보고 적대적인 감정을 갖게 된다. 이때 경험하게 되는 거세불안은 남근이 없다는 인식에서 출발하기 때문에 남자아이가 느끼는 것과는 다르다. 여자아이는 유아기 때 자신의 남근이 거세되었다고 믿고 그것 때문에 어머니를 더욱더 비난, 그리고 <u>남자아이보다 열등하다고 생각</u>하게 되는데 이를 '남근선망'이라고 함
>
> • 거세불안
>
> 남자아이가 자신의 어머니를 사랑하기 때문에 아버지가 자신의 성기를 제거할지도 모른다는 두려움

(4) 잠복기 또는 잠재기(6세~사춘기) ★★

① 에너지의 초점은 수면상태로 돌아가 활동하지 않는다고 봄

② 리비도는 승화되어 지적관심, 운동, 동성 간의 우정, 공부 등으로 표출

③ 지금까지 발달한 초자아를 통해 오이디푸스적 욕망을 억제

④ 부모와의 삼각관계나 동성부모에 대한 동일시가 중단되는 시기로, 동성 또는 또래와
어울림을 통해 동성간의 동일화와 자기성 확립 등을 구축하는 지속적인 사회화시기로

(5) 생식기(사춘기~성인기 이전) ★

① 이 시기에는 성적 관심이 되살아나며, 관심 대상은 또래의 이성친구에게로 옮겨짐

② 충분하게 사랑과 일을 할 수 있는 시기로 성역할 정체감 발달

③ 남녀 모두에게 2차 상징이 나타나며 성적 주체성에 의해 성인으로 성장

2. 방어기제의 개념과 종류

방어기제는 사회적·도덕적으로 용납되지 못하는 성적 충동, 공격적 욕구 등 어떠한
위험으로 간주되어 갈등이나 불안을 느끼게 되는데, 이러한 갈등이나 불안을 처리하
려는 자아의 무의식적인 노력

1) 억압 ★★

① 가장 일차적이고 원시적이며 가장 많이 사용되는 것으로 프로이트는 "정신분석의
전체적 구조가 의존하는 주춧돌"이라 함

② 자아가 위협적인 내용을 의식 밖으로 밀어내거나 의식하지 않으려는 적극적인 노력

③ 죄책감, 수치심 또는 자존심을 상하게 하는 경험일수록 억압의 대상
  예) 어려운 과제가 있을 때, 그 과제를 아예 잊어버린다. 자신을 학대하는 부모에
    대한 뿌리 깊은 적대감을 알아차리지 못함

2) 부정

① 현실에서 일어났던 위협적이거나 외상적인 사건을 받아들이지 않고 거절하는 것

② 무의식적으로 부정함으로써 불안으로부터 자신을 방어

　　예) 임종말기의 환자가 자신의 병을 의사의 오진일 것이라고 주장

3) 반동형성 ★★

① 무의식 속의 받아들여질 수 없는 생각, 소원, 충동 등을 정반대의 것으로 표현하는
　경우인데 원래의 생각이나 소원, 충동 등을 의식화하지 못하게 하는 기제

② 겉으로 드러나는 태도나 언행이 마음속의 요구나 생각과 정반대인 경우의 방어기제

　　예) 미운 놈 떡 하나 더 준다는 속담, 사랑을 미움으로 표현하는 경우

4) 동일시(=동일화) ★★

① 주위의 중요한 인물들의 태도와 행동을 닮는 것으로 불안을 없애기 위해서 오히려
　불안의 원인이 되는 그 사람과 똑같이 되려는 것

　　예) 거세불안을 느끼는 남자아이가 아버지를 닮아가려는 것

5) 투사

① 자신이 갖고 있는 좋지 않은 충동을 다른 사람의 것인 양 문제를 타인의 탓으로 돌
　리는 것

② 관계망상이나 피해망상 등을 불러일으키는 등 환각이나 착각, 망각형성의 중요한
　기제

　　예) 내가 그를 미워하는 것이 아니라 그가 나를 미워한다고 표현

6) 합리화

① 자신의 문제행동에 대해 그럴듯한 핑계를 대서 받아들여질 수 있게끔 재해석하
　는 것

② 합리화가 거짓말이나 변명과 다른 점은 무의식의 차원에서 이루어진다는 것

　　예) 하찮은 일로 자신의 동료를 상관에게 고발한 병사가 "그 친구는 벌을 받아 마
　　　땅하다. 그리고 나는 의무를 다했을 뿐이야."라고 말하는 경우

7) 퇴행 ★★

① 심한 스트레스나 좌절을 당하였을 때, 현재의 발달단계보다 더 <u>이전의 발달단계로</u>
<u>후퇴하는 것</u>

예) 사랑을 독차지하던 아이가 동생이 태어나 사랑을 빼앗기게 되자 갑자기 대소변
가리는 것이 힘들게 되는 경우

8) 승화 ★★

① 수용될 수 없는 충동이 사회적으로 받아들여질 수 있는 충동으로 대체되는 것

예) 강한 공격적 욕구를 가진 사람이 격투기 선수가 되거나, 심한 열등감을 지닌 사
람이 열심히 공부해서 학자로 성공하는 경우

9) 자기에게로 향함

① <u>공격적인 충동이 자기 자신</u>에게로 향하는 것

예) 부부싸움을 하다가 화가 난 남편이 자신의 머리를 벽에 부딪쳐 자해하는 경우

10) 전치

① <u>어떤 생각이나 감정 등을 표현 할 때 덜 위험한 대상에게 옮기는 것</u>

예) 아버지에게 혼이 난 아이가 마당의 강아지에게 화풀이를 하는 경우

3. 정신분석모델에서 활용기법

1) 자유연상

① 어떤 감정이나 생각도 억압하지 않은 채 마음에 떠오르는 것을 무엇이든 즉시 말
하도록 하는 기법

② 클라이언트는 억압된 충동을 발견하고 <u>무의식을 의식 수준으로 전환</u>

③ 사회복지사의 역할: 내담자가 최대한 자발적으로 참여하도록 해야 함

2) 해석

① 치료적 관계에서 나타나는 내담자 행동의 의미를 설명하고 때로는 가르치기도 하는 것으로 행동에 대한 단순한 설명이 아닌 자아가 더 깊은 무의식의 내용을 탐색할 수 있도록 도와주는 기술
② 너무 빠른 해석, 성급한 해석, 비현실적 해석은 바람직하지 않고, 적절한 시기를 선택해서 해석

3) 저항의 분석과 해석

① 저항은 참을 수 없는 불안에 대항하여 자아를 방어하려는 무의식적 역동
② 사회복지사의 역할: 저항을 지적하고 해석함으로써 내담자가 이에 대해 깨달을 수 있게 즉, 통찰을 할 수 있도록 함

4) 전이의 분석과 해석

전이에 대한 분석은 내담자로 하여금 과거 자신의 해결되지 못했던 일이 현재 자신에게 어떻게 영향을 미치는지 통찰할 수 있는 기회를 부여하며 통찰된 미결사항을 적절히 해석하고 훈습(薰習)함으로써 내담자가 자신을 변화시킬 수 있는 기회를 갖게 함

5) 훈습 ★★

① 클라이언트가 자신의 내면적 문제나 갈등의 원인과 그 역동성을 통찰하게 함으로써 스스로 해결할 수 있도록 하기 위해서 사회복지사가 <u>반복적으로 경험하도록 하는 과정</u>을 거치는데 이러한 과정을 훈습
② 사회복지사의 역할: 클라이언트가 계속 탐색하고 이해할 수 있도록 반복적으로 상황을 설명하고 이해시킴

6) 역전이 ★★

사회복지사가 알코올중독자인 아버지와 정의적 관계를 회복하지 못한 채 알코올 중독자 전문상담가로 활동할시 아버지와 부정적 감정을 클라이언트에게 투사함

01) 정신역동모델의 개념과 개입기술에 관한 설명으로 옳은 것을 모두 고른 것은?

(17회 기출)

> ㄱ. 해석의 목적은 통찰력 향상에 있다.
> ㄴ. 훈습은 모순이나 불일치를 직시하도록 원조하는 단회성 기법이다.
> ㄷ. 전이는 반복적이며 퇴행하는 특징을 갖는다.
> ㄹ. 자유연상을 시행하는 경우 주제와 관련 없는 내용은 억제시킨다,

① ㄱ, ㄴ   ② ㄱ, ㄷ
③ ㄴ, ㄹ   ④ ㄱ, ㄴ, ㄷ
⑤ ㄱ, ㄴ, ㄷ, ㄹ

☞ 해설
ㄱ. 해석: 클라이언트의 통찰력 향상을 위해 치료적 관계에서 나타나는 클라이언트의 행동의 의미를 치료자가 설명하고 풀어서 이야기해주는 기법
ㄷ. 전이: 클라이언트가 사회복지사를 자신의 과거 속 중요한 인물로 느껴 투사를 보이는 현상, 전이는 무의식적으로 일어나며 부적절하고 반복적이며 퇴행하는 특징을 보임

정답: ②

02) 정신역동모델에 관한 설명으로 옳지 않은 것은?   (15회 기출)
① 심리적 결정론에 근거한다.
② 발달단계상의 고착과 퇴행을 고려한다.
③ 성장의지가 높은 클라이언트에게 효과적이다.
④ 통찰보다는 치료적 처방 제공에 초점을 둔다.
⑤ 원초아와 초자아 사이에 발생하는 불안과 긴장해소를 위해 방어기제를 사용한다.

☞ 해설

정신역동모델의 개입 목표는 클라이언트의 통찰력 획득이다. 즉, 과거의 경험에서 갖게 된 불안이나 무의식적 갈등을 의식화하여 이러한 것들이 어떻게 현재 자신에게 영향을 미치고 있는지 알아차릴 수 있도록 통찰력을 획득하는데 초점을 둔다.

정답: ④

제5장
|
심리사회모델
(심리성적모델)

1. 심리사회모델의 개념과 특징

심리사회모델은 특정 이론에만 근거해서 발달한 모델이 아니라 사회복지실천활동이 체계를 갖추는 과정에서 직접 또는 간접으로 영향을 미친 여러 요소들이 절충되어 만들어진 이론으로, 인간 혹은 인간의 문제에 대해 심리적 뿐만 아니라, 인간을 둘러싼 사회경제적인 상황을 포함한 포괄적 전체적 시각으로 이해하고 접근

① 심리사회모델에서는 인간을 단순히 심리적 측면만 보는 것이 아닌, 사회적 측면과 양자의 상호작용에 의한 결과도 동시에 고려하면서 이해하기 때문에, '상황속의 인간(person in situation)'이라는 개념이 중요

② 심리사회모델은 정신역동이론의 영향을 받았지만 생물학적, 심리사회적, 환경적 영향과 체계의 상호작용에 관심

③ 클라이언트에게서 일어나는 변화가 치료적 관계에서 비롯되기 때문에 사회복지사와 클라이언트 간의 관계를 중요시

④ 사회복지사와 클라이언트의 관계형성을 위해 클라이언트를 수용하고 클라이언트의 자기결정권을 존중하는 것

⑤ 수용, 자기결정, 개별화, 클라이언트의 현재 상황에서 시작하기 등은 심리사회모

델에서 강조하는 기본가치이자 실천원칙

2. 심리사회모델의 가치전제

① 인간은 태어나면서부터 존엄성을 가지고 있음
② 모든 인간은 끊임없이 학습하고 성장가능하며 사회 또는 물리적 환경을 변화시킬
　수 있는 능력
③ 개인의 심리체계는 사회적 체계와 끊임없이 상호작용
④ 클라이언트나 문제 상황을 다룸에 있어 발생맥락 등이 다르기 때문에 차별성을 강조
⑤ 인간의 현재 행동을 이해하기 위해서는 과거를 중요시

3. 심리사회모델의 개입기법

1) 직접적 개입 ★★★★
(1) 지지하기(Sustainment): 감정과 행동 지지하기 ★★★★
① 목표
　클라이언트의 불안을 감소시키고 동기화를 촉진시켜 원조관계를 수립
② 내용 및 의의
　– 지지하기는 클라이언트의 불안이나 자기 신뢰가 낮은 초기뿐만 아니라 치료과
　　정 전반에 걸쳐 중요한 기법으로서 이 과정이 없다면 클라이언트가 겪고 있는 문
　　제의 본질을 탐색하기가 어려워짐
　– 지지하기에서 중요한 것은 관심과 공감을 동반한 경청
　– 클라이언트에 대한 사회복지사의 신뢰나 존중, 돕고자 하는 태도 등을 직접적으
　　로 표현하며, 클라이언트가 문제해결능력이 있다고 확신을 표현
　– 클라이언트가 원조를 요청할 때 느끼게 되는 긴장이나 불안감을 덜어주고 자기
　　의 상황에 대해 솔직하게 이야기 할 수 있게 해주며, 자기존중감 증진

③ 지지하기 기법의 종류
   - 재보증(reassurance): 안심시킴
   - 격려(encouragement): 신뢰표현, 성과인정
   - 선물하기
   - 경청, 따뜻한 표정, 가볍게 어깨를 두드리는 비언어적 표현방법
     예) 자녀에게 심하게 화를 내는 것에 대해 죄책감을 시달리는 어머니에게 분노와
        화나는 감정을 이해한다는 표현을 함으로써 어머니를 안심시킴

(2) 직접 영향주기(지시하기, Direct influence): 제안이나 조언 등을 통해 직접 영향주기
① 목표
   사회복지사가 제안이나 조언 등을 통해 직접적으로 영향을 주어 클라이언트의 행
   동을 향상 시키는 것을 목표
② 내용 및 유용성
   - 클라이언트가 특정한 행동을 할 수 있도록 사회복지사의 의견을 다양한 강도와
     방식을 통해 전달
   - 클라이언트의 욕구에 따라 조언하거나 제안
   - 직접적인 조언과 대면적인 행동은 클라이언트와 강한 신뢰관계가 수립되었을
     때, 클라이언트에 대해 충분한 지식을 가지고 있을 때 사용
   - 클라이언트가 사회복지사에게 답을 요구하더라도 사회복지사는 클라이언트가
     독립적으로 생각할 수 있도록 이끌어 내야 함
③ 직접 영향주기 기법의 종류
   - 클라이언트 자신의 제안을 격려하고 강화하거나 장려하기, 현실적인 제한을 설
     정하기, 직접적인 조언하기, 대변적인 행동하기 등
     예) 고용주와 효과적인 관계를 맺는 방법에 대해서 혹은 자녀양육문제에 대해 충
        고나 제안을 해주는 것

**(3) 탐색-기술(묘사)-(환기)(Exploration-description-ventliation): 사실을 말하고
감정을 탐색하여 환기할 수 있게 하기 ★★★**

① 목표

클라이언트에게 사실 및 사실과 관련된 감정을 표출하게 하여 긴장 완화

② 내용 및 의의

- 사실을 말하거나 사실과 관련된 감정을 표출하여 감정을 정화시키고 긴장을 완화
- 병행되어야 하며 사회복지사는 탐색-기술과정에서 드러나지 않고 있는 감정에 대해 민감해야 함
- 자학적이거나 정신장애가 있는 클라이언트, 감정이 격화되거나 불안감이 높아질 가능이 있는 클라이언트에 대해서는 조심스럽게 사용해야 함

③ 탐색 – 기술(묘사) – (환기) 기법의 종류

- 초점 잡아주기, 부분화하기, 화제 전환하기 등

예) "지금의 문제에 대해 조금 더 이야기를 해 보세요. 당신과 가족이 같이 있을 때 어떤 일이 일어나나요?", "그 일이 일어났을 때 어떻게 느끼셨나요?"

(4) 인간-환경에 관한(반성적) 고찰(Person-situation reflection): '상황 속의 인간'의 관점에서 고려하기 ★★★

① 목표

클라이언트를 둘러싼 현재 혹은 최근 사건에 대해 고찰하게 하여 현실적으로 파악

② 내용 및 의의

- 클라이언트를 둘러싼 현재 혹은 최근 사건에 대해 고찰하는 것으로 심리사회기법의 핵심
- 클라이언트가 현재 혹은 최근 사건에 대해 자신의 상황과 그 안에서 자신의 위치나 기능, 상황 속에서 경험한 생각이나 느낌, 감정 등에 대해 좀 더 잘 이해할 수 있도록 사회복지사는 질문을 하거나 설명을 하고 언급(comment)을 해줌

③ 인간-환경에 관한(반성적) 고찰 기법의 종류

- 논리적 토의 및 추론, 설명, 일반화, 변화, 역할극, 강화, 명확화, 직면, 요약, 옹호, 교육 등

예) "막내아들의 어떤 행동이 힘들게 했나요?"

(5) 유형-역동성 고찰(Pattern-dynamic reflection): 성격과 행동, 심리 내적 역동 고찰하기 ★★★

① 목표

변화의 동기를 촉진시키면서 클라이언트가 자신의 성격유형, 특징, 행동유형, 방어기제, 자아 기능수행 등 심리 내적 역동에 대해 이해하도록 원조함

② 내용 및 의의

- 인간은 정신 내면의 영향을 받기 때문에 인간과 환경에 대한 고찰만으로는 클라이언트 문제를 적절히 처리하기에 불충분하므로 따라서 사회복지사는 이러한 정신 내면의 힘들이 어떻게 작용하는가 하는 역동성과 발달에 대해 클라이언트가 고찰해 볼 수 있도록 원조함

- 클라이언트의 행동 경향, 클라이언트로 하여금 어떤 특정 행위에 이르도록 하는 생각이나 감정의 패턴, 또는 사건에 대한 생각들을 클라이언트 스스로 찾아낼 수 있도록 도와줌

- 클라이언트의 성격, 자아방어기제, 초자아, 자아기능 수행정도 등에 대해서 고찰이는 현재의 상태보다는 그것의 원인에 대해 이해하고자 하는 것

③ 유형-역동성 고찰 기법의 종류

- 명확화, 해석, 통찰기법 등을 활용

예) "당신이 남편에게 불만을 느꼈을 때 아들과 싸우는 것 같지 않나요?", "가까워지기 어려운 사람과 가까워지려는 경향이 있나요?"

(6) 발달적 고찰(Development reflection): 과거 경험이 현재 기능에 미치는 영향 고찰하기 ★★★

① 목표

변화를 위해 유년기의 문제와 현재 행동과의 인과관계를 자각

② 내용 및 의의

- 클라이언트가 현지의 성격이나 기능에 영향을 미친다고 생각되는 원가족의 경험 또는 유아기 때의 경험에 대해 생각해 보게 함

- 유년기의 문제와 현재 행동 간의 인과관계를 클라이언트가 깨닫게 함으로써 변화를 유도

- 생애 초기의 경험 및 대상과의 관계를 현재의 관련성에 비추어 설명한다는 점은

정신분석이론과 대상관계이론의 영향을 많이 받는 부분임

③ 발달적 고찰 기법의 종류

- 명확화, 해석, 통찰, 논리적 토의 및 추론, 설명, 일반화, 행동시연, 변호, 역할극, 강화, 교육 등

예) "이와 같은 감정을 이전에도 경험한 일이 있나요?", "당신의 청소년기와 현재의 문제는 어떤 관계가 있나요?"

2) 간접적 개입: 환경을 조정하기

(1) 목표

클라이언트를 둘러싼 인적 · 물적 환경에 관계된 문제를 해결

(2) 내용

① 클라이언트의 환경에 관련된 사람들의 관계에 개입하거나 사회환경적인 변화를 추구하는 활동

② 클라이언트가 필요로 하는 자원을 발굴 · 제공 하며 클라이언트에 대한 옹호 및 중재활동

③ 사회복지사는 클라이언트 스스로 주변을 변화시킬 수 있도록 원조

④ 기관의 직원과도 지속적인 협력 관계를 유지

(3) 기법

클라이언트에게 필요한 자원을 발굴하고 제공하며, 클라이언트와 다른 체계 사이를 중재하기도 하며, 클라이언트를 옹호

(4) 사회복지사의 역할

① 환경에 개입할 때, 사회복지사는 클라이언트의 신상에 관한 정보가 공개되지 않도록 비밀 유지에 신경을 써야 함

② 클라이언트는 환경에 대한 개입에 관련된 의사결정에 있어서 사회복지사가 아닌 본인이 책임을 진다는 것에 유념

01) 심리사회모델의 기법에 관한 설명으로 옳지 않은 것은?   (14회 기출)

① 지지하기: 클라이언트가 표현한 표적문제와의 명백한 연관성을 탐색한다.

② 직접적 영향: 문제해결을 위해 사회복지사의 의견을 강조한다.

③ 발달적 고찰: 성인기 이전의 생애경험이 현재의 기능에 미치는 영향에 대해 고찰
   한다.

④ 탐색-기술-환기: 클라이언트와 환경과의 상호작용에 대한 사실을 기술하고 감정
   을 표현하도록 한다.

⑤ 인간-상황에 대한 고찰: 사건에 대한 클라이언트의 지각방식 및 행동에 대한 신
   념, 외적 영향력 등을 평가한다.

☞ 해설
지지하기 기법: 클라이언트의 불안감, 자아존중감의 결핍, 자신감 결핍 등을 감소시
키기 위해서 사용 클라이언트를 수용하고 클라이언트를 돕겠다는 의사를 표현하고
클라이언트가 문제해결능력을 가지고 있다는 확신을 표현해주는 기법

정답: ①

02) 심리사회모델에 관한 설명으로 옳은 것은?   (10회 기출)

① 정신분석이론, 자아심리학, 대상관계이론에 영향을 미쳤다.

② 클라이언트의 현재와 미래에 초점에 둔다.

③ 클라이언트의 수용과 자기결정을 강조한다.

④ 외현화 및 인지재구조화 기술을 사용한다.

⑤ 인간의 내적 갈등보다는 환경을 강조한다는 비판을 받는다.

☞ 해설
• 심리사회모델에서는 클라이언트와 사회복지사 간에 형성되는 관계를 매우 중요시
  한다. 신뢰관계가 형성되어야 클라이언트에게 의미 있는 변화가 일어날 수 있게 때

문 이를 위해 수용과 개별화, 자기결정과 같은 가치를 중요시
• 심리사회모델은 정신분석이론, 자아심리학, 대상관계이론에 영향에 미친 것이 아
  니라 이들의 영향을 받았다.

정답: ③

제6장
|
과제중심모델

1. 과제중심모델의 등장배경과 특징 ★★★

과제중심모델은 미국 시카고 대학교에서 모델개발을 위해 3년동안 모델을 설계하고 사회복지기관에서 실제 사례에 적용하고 평가하는 검증작업을 수행하였다. 이 프로젝트의 결과를 통해 문제를 가진 개인이나 가족에 대한 장기개입이 단기간의 심리사회적 접근보다 효과적이지 않다는 것을 경험적으로 발견한 후, 체계적이고 종합적이며 효과적인 단기치료모델로서 1970년대 리드&엡스타인에 의해 개발됨

① 주 1~2회 면접을 전체 8~12회 정도로 구성하여 대게 4개월 이내에 사례를 종료하는 계획적이고 시간제한적인 단기개입임

② 사회복지사의 관심이 아닌 클라이언트가 인식한 문제를 중심으로 사회복지사와 클라이언트간의 표면적으로 계약한 문제들을 해결하는 데 개입의 초점을 둠

③ 변화는 클라이언트가 내부와 외부에서 행한 문제해결활동, 즉 과제를 중심으로 달성됨

④ 이론보다는 조사에 근거한 경험적 자료가 모델을 형성하는 기초

⑤ 사회복지사와 클라이언트의 관계는 보호가 아닌 협조적 관계로 클라이언트를 광범위하게 참여시킴

⑥ 자기결정권을 보장하기 위해 표적문제를 선정할 때 클라이언트의 견해를 우선적으로 반영하며, 개입방향에 대해 클라이언트와 사회복지사가 계약함으로써 개입과정을 공유하고, 과제설정과 실행, 평가과정에서도 클라이언트는 주체적인 역할을 수행하기 때문에 클라이언트의 자기결정권(self-determination)을 강조함

⑦ 다양한 접근방법과 구조화되고 체계적인 접근을 통해 경험적으로 이끌어진 이론과 방법을 선택적으로 사용하기 때문에 통합적 접근(절충적 접근 방법)

2. 과제중심모델의 주요 개념 ★★

1) 표적문제(target problem)

(1) 표적문제의 정의

① 클라이언트가 제시하는 문제 또는 해결하고자 하는 문제 즉, 개입의 초점이 되는 문제가 표적문제가 됨

② 표적문제는 우선순위를 고려하여 최대 3개까지 선정함으로써 시간제한적인 단기 개입을 가능하게 함

③ 표적문제 선정기준: 클라이언트가 인정한 문제, 클라이언트 자신의 노력으로 해결 가능한 문제, 구체적인 문제

(2) 표적문제 선정 시 주의사항

① 클라이언트의 견해가 최대한 반영되어야 한다는 점

② 클라이언트가 중요하게 생각하고 있으며, 현실적으로 변화가능성이 높은 것부터 우선순위를 결정

③ 클라이언트와 사회복지사의 의견이 다를 경우에는 클라이언트의 관심과 사회복지사의 전문적 판단을 최대한 반영할 수 있는 방향으로 협의

④ 하나의 표적문제에 대하여 하나의 목표를 설정하며, 표적문제와 목표는 클라이언트의 입장에서 주어와 서술어의 형식을 갖춰 구체적으로 표현

2) 과제(=과업, task)

(1) 과제의 정의

① 클라이언트와 사회복지사가 해야 하는 문제해결활동으로서, 클라이언트와 사회복 지사가 함께 계획하고 동의한 후에 수행되는 문제해결활동

② 클라이언트와 사회복지사의 합의에 의해 계획되고 그들에 의해서 면접 안팎에서 이루어지며, 과제 구성은 개입의 주된 목표이면서 동시에 문제 개선을 위한 상위 목표를 성취하기 위한 주된 수단

③ 사회복지사가 클라이언트에게 일방적으로 부과하는 숙제와는 차이가 있으며, 클 라이언트만 과제를 수행하는 것이 아니라 사회복지사도 과제를 수행

④ 사례가 진행되는 동안 표적문제가 해결되지 않고 계속 남아 있으면 과제를 바꾼 다. 과제를 수행했거나 달성될 수 없는 것 또는 필요하지 않다고 생각되면 과제를 바꿀 수 있음

(2) 클라이언트의 과제

① 문제해결을 위해 혹은 문제해결에 도움이 되는 활동으로서 클라이언트가 수행하 는 활동

② 면접(세션, session) 내에서 이루어지기도 하고 면접 외의 상황에서 혹은 면접과 면접 사이에서 이루어지기도 한다. 이때 면접이란 초기면접이나 흔히 말하는 인터 뷰가 아니라 개입이 이루어지는 면담, 개입세션 등으로 이해하는 것이 좋음

③ 사회복지사가 일방적으로 주는 것이 아니라 클라이언트의 동의가 필요

(3) 과제 계획 시 사회복지사가 고려해야 할 내용

① 클라이언트에게 문제해결을 할 수 있다는 희망을 심어줄 수 있다는 동기화

② 과제의 실행가능성

③ 과제가 꼭 이루어져야 하는지, 바람직한지 고려

④ 과제는 변화 가능한 융통성

3. 과제중심모델의 개입목표

① 과제중심모델에서는 클라이언트가 문제를 완화시킬 수 있는 기술이 부족하거나 자원이 부족한 것을 문제로 보기 때문에, 클라이언트가 문제해결에 필요한 기술이나 자원을 얻을 수 있도록 원조하는 것을 목표
② 제한된 시간 내에 계획적이며 의도적인 과정을 통해 클라이언트의 문제를 구체적인 과제로 해결해 나가고자 함

4. 과제중심모델의 개입과정

1) 시작하기(Starting-up): 면접

2) 제1단계: 문제규명(확인, Problem identification)
① 클라이언트가 제시하는 문제 탐색하기
② 표적문제의 구체적 설정
  - 표적문제란 클라이언트가 변화를 원하고, 사회복지사의 전문적인 판단에 의해 문제로 인정되었으며, 개입의 초점으로 동의한 문제
  - 사회복지사는 클라이언트가 선정한 표적문제가 잘못되었거나 자신이 처리하는 것이 적절하지 않다고 판단되는 경우에는 전문적인 입장의 조언을 제공해서 클라이언트가 다른 선택을 모색할 수 있도록 지원
  - 표적문제를 설정할 때 가장 중요한 것은 클라이언트의 견해가 최대한 반영되는 것이며 사회복지사와 의견이 다를 경우 사회복지사는 클라이언트의 관심과 사회복지사 자신의 전문적 판단을 최대한 반영할 수 있는 방향으로 협의함
  - 표적문제 선정기준은 클라이언트 자신의 노력으로 해결 가능하며, 구체적인 문제로 스스로가 문제라고 생각하는 문제를 선정

(3) 표적문제의 우선순위 정하기

① 표적문제는 우선순위를 고려하여 최대한 3개까지 정하는 것이 시간제한적인 단기 개입을 가능하게 함
② 표적문제의 우선순위를 정할 때 클라이언트가 중요하다고 생각하는 문제이고 사회복지사의 조언이나 기관에서 의뢰하거나 위임한 문제를 위주로 선정함

(4) 신속한 초기사정

① 본격적인 사정은 3단계(실행단계)에서 이루어지며, 표적문제의 우선순위가 정해지고 나면 다음 단계(계약)를 위한 임시적인 사정이 이루어짐
② 본격적인 사정에 앞서 사정 가설을 세우기 위해 필요한 자료를 얻되, 과도한 탐색은 피함
③ 클라이언트의 장점이나 단점, 환경, 가족관계 등에 대해 탐색
④ 클라이언트의 의사소통패턴이나 스트레스 상황의 전형적인 행동과 성격 특성 등에 대해 파악
⑤ 클라이언트를 신속하게 파악하지만, 섣불리 정형화해서는 안 됨

3) 제2단계: 계약(contraction)

(1) 계약
문제해결방안에 대한 사회복지사와 클라이언트 간의 동의로, 계약당사자인 클라이언트와 사회복지사의 판단에 의해서 변경

(2) 계약과정에서 개입형태 선정에 영향을 미치는 요인

① 제안된 개입이 적절한 영향을 미치는지의 여부
② 긍정적 결과를 예견하는 정보의 신뢰성
③ 기관의 스타일이나 요구사항, 클라이언트 상황에 내재된 제약 요인, 돌발적이고 우연히 발생하는 사건 등, 치료자와 클라이언트의 선호 등

(3) 계약 방식

① 서면계약: 내용을 명확히 하고 통제수단으로 사용

② 구두계약: 일반적인 방식이지만, 계약내용은 구체적으로 구성

(4) 계약체결의 유의사항

① 비자발적인 클라이언트: 계약체결과정에서 쉽게 충격을 받거나, 비현실적인 계약에 별생각 없이 동의하는 등 특수한 문제를 야기할 수 있음
② 사회복지사는 클라이언트가 쉽게 상처를 받거나 스스로 계약을 체결할 수 없는 경우 그 보호자와 계약을 체결
③ 계약은 영원한 것이 아니며 당사자의 자기판단에 의해 언제든지 바뀔 수 있다. 즉, 클라이언트와 사회복지사가 상의해서 변경할 수 있음

(5) 계약 내용

① 주요 표적문제는 최대 3가지 문제로, 클라이언트의 입장에서 진술된 사항
② 구체적인 목표는 클라이언트의 관점에서 클라이언트의 우선순위에 따라 설정
③ 클라이언트의 과제는 행동이나 인지상의 지표로 기술해야 하며, 필요에 따라 수시 변경 가능
④ 사회복지사의 과제는 클라이언트가 과제를 효율적으로 수행하도록 지원하기 위해 수행해야 하는 활동 등

4) 제3단계: 실행(Implementation)

과제중심모델에서 개입의 대부분은 실행이 차지 이 단계의 주요 목표는 클라이언트가 과제를 성취할 수 있도록 원조하는 것. 일반적으로 표적문제에 대한 집중적인 사정과 대안 마련, 과제수행, 과제수행의 점검 등이 이루어짐
① 후속사정의 수행(재사정, 표적문제 사정)
② 대안마련(모색)하기
③ 다른 사람 및 기관과 지지적이고 협조적인 활동에 대해 협상하기
④ 의사결정(목표와 개입)
⑤ 과제개발하기
⑥ 과제수행 지지하기

⑦ 점검(진행과 어려움 조사하기)
⑧ 계약의 일부를 수정 또는 변경하는 경우

5) 제4단계: 종결(Termination)

① 개입이 시작되면서 종결의 시점도 미리 정해진다. 즉, 종결이 미리 정해지고 서로 예상된 가운데 종결하게 되는 '계획된 종결'
② 사회복지사는 과제가 수행되는 도중 남은 날짜와 면접의 횟수 등을 말해주어야 함
③ 사회복지사는 개입과정을 통해 성취된 것을 점검하고, 필요한 경우 개입기간을 연장하거나 사후지도
④ 사회복지사는 클라이언트에게 개입에 대한 피드백을 요청하고 사회복지사는 자신의 활동에 대해 평가
⑤ 사회복지사는 실천활동을 평가하는 도구로 기술평가척도(Skill Assessment Scale)를 사용할 수 있는데 이는 사회복지사가 실천과정에서 보완해야 하는 기술이 무엇인지를 나타냄으로써 사회복지사 자신에 대한 이해뿐만 아니라 슈퍼비전을 위한 자료로 활용될 수 있음

01) 과제중심모델에 관한 설명으로 옳지 않은 것은?   (15회 기출)

① 단기간의 종합적인 개입모델이다.

② 클라이언트가 동의한 과제를 중심으로 개입한다.

③ 경험적 자료보다는 발달이론을 중심으로 개입한다.

④ 계약한 구체적인 문제해결에 초점을 두고 접근한다.

⑤ 클라이언트의 문제는 자원 혹은 기술의 부족으로 이해한다.

☞ 해설

과제중심모델은 실제 현장에서 다양한 방식으로 개입을 시도해 본 후, 가장 효과적이라고 경험적으로 입증된 요소들을 모아 개입을 한다면 좀 더 효과적인 개입이 이루어질 수 있다고 본다.   정답: ③

02) 철수는 무단결석과 친구를 괴롭히는 문제로 담임선생님에 의해 학교 사회복지사에게 의뢰되었다. 철수와의 상담을 과제중심모델로 진행할 때 그 개입방법에 해당하지 않는 것은?   (17회 기출)

① 철수의 성격유형과 심리역동을 탐색한다.

② 지역사회에서 지원할 수 있는 방법을 확인한다.

③ 담임선생님이 제시한 문제를 확인하다.

④ 철수의 노력으로 해결 가능한 문제를 선정한다.

⑤ 제시된 문제가 철수의 욕구와 일치하지 않은 경우 조정한다.

☞ 해설

① 과제중심모델에서는 클라이언트와 사회복지사가 계약한 문제를 해결하는 것에 초점을 둔다. 철수의 성격유형과 심리역동을 탐색하는 것은 정신역동모델 또는 심리사회모델에 기반을 둔 개입에 해당된다.

정답: ①

제7장
|
인지행동모델

1. 인지행동모델의 개념, 인간관

인지행동모델은 심리적인 장애에서 왜곡되고 역기능적인 사고가 공통적인 내용이며 역기능적인 사고는 인간의 기분과 행동에 영향을 미친다고 가정하는 인지이론과 기능적인 행동은 학습을 통해 습득될 수 있다고 가정하는 행동주의 이론에 영향

① 인간은 외부 자극에 수동적으로 반응하는 존재가 아님
② 인간은 심리 내적인 힘에 의해서 결정되는 존재가 아님
③ 인간의 행동은 개인과 환경 간의 상호작용의 결과

2. 다양한 인지행동모델의 출현 ★★★

① 인지행동모델은 인지이론과 행동주의 및 사회학습이론에서 나온 개념들을 통합적으로 적용한 것으로서 1960년부터 1980년대 사이에 다양한 모델이 탄생
② 가장 널리 알려진 모델로 합리정서치료, 인지치료, 문제해결치료 등이 있으며, 이외에도 불안관리훈련, 스트레스 개선훈련 등 다양한 치료모델들이 있음

③ 주요 학자는 벡(Beck), 엘리스(Ellis), 미켄바움(Meichenbaum), 즈릴라와 골드프라이드(D'Zurilla & Goldfried), 마호니(Mahoney) 등

3. 인지행동 접근방법의 장점 및 한계

1) 장점
① 인간과 환경의 호혜적 상호교류를 잘 설명
② 사회복지의 직접적 실천에 쉽게 적용될 수 있는 개입전략과 지침을 포함
③ 인간은 모두 본래적으로 가치 있고 자기결정권을 가진다는 사회복지실천가치에서 벗어나지 않는다. 따라서 클라이언트를 수동적이 아닌 적극적인 참여자로 간주

2) 한계
① 사회(환경)적 개입에 대해 이론적 언급은 있으나, 치료적 접근은 주로 심리지향적
② 사회(환경)적 개입의 부재는 개인의 문제를 왜곡된 사고의 기능
③ 인지에 대한 명확한 정의가 없음
④ 인지와 감정의 상호작용을 설명하는 데 개념적 명료성이 떨어짐
⑤ 드러나지 않은 변수들을 조작화하는 것과 관련하여 방법론적 어려움이 있음
⑥ 현재에만 집중함으로써 과거에 발생된 상처, 억압된 분노, 적개심을 과소평가
⑦ 지적 수준이 낮거나 현실감이 부족한 클라이언트에게 적용하기 어려움

4. 인지행동모델의 개입목표와 특징 ★★★

① 개인이 가지고 있는 비합리적 신념이나 인지적 오류, 자기패배적인 사고를 변화하게 함으로써 그의 감정이나 행동을 수정
② 클라이언트가 자기 자신과 다른 사람들, 그리고 삶에 대해 정확하고 객관적인 평가를 내리게 함으로써 좀 더 건설적인 인지들을 창출하거나 발견해낼 수 있도록 원조

- 클라이언트와 사회복지사의 협조적인 노력을 통해 이루어짐
- 클라이언트의 주관적 경험의 독특성을 중시을 중시하며 구조화되고 방향적인 접근을 통해 이루어짐
- 클라이언트의 능동적인(적극적인) 참여와 소크라테식 문답법을 통해 교육적인 접근
- 시간제한적인 개입과 클라이언트의 경험에 초점을 맞추고 있음
- 현재의 문제를 중심으로 목표 지향적이며, 다양한 개입방법을 통해 문제재발을 방지

5. 개입과정

1) 초기단계

(1) 접수, 호소문제 듣기 ★★★

오리엔테이션을 통해 신념이나 감정 등 행동과의 관련성에 대해 설명을 후 사회복지사의 개입방법을 구조화시킨다. 이때, 사회복지사는 클라이언트의 관점에서 문제를 이해하고 받아들이기 위해 노력해야 함

(2) 우선순위 결정

개입에서 우선적으로 다루어져야 할 문제의 우선순위를 정함

(3) 부정적 인지의 사고체계 탐색 ★★★

클라이언트의 잘못된 신념체계를 확인하는 3단계가 이루어지며 이때, 사회복지사의 역할은 클라이언트에게 문제의 원인이 되는 역기능적이고 비합리적인 신념, 인지적 왜곡이나 오류 등을 찾아내도록 원조하고, 인식 및 사고체계를 변화시켜야 하는 이유가 무엇인지 충분한 토의가 이루어져야 함

> **클라이언트의 잘못된 신념체계를 확인하는 3단계 ★★**
> - 1단계: 어떻게 해서 자신의 믿음을 갖게 되었는지 질문
> - 2단계: 현재의 역기능적인 관점이나 믿음에 대한 증거를 제시
> - 3단계: 어떤 행위 뒤에 일어날 결과에 대해 지나친 걱정이나 두려움을 갖게
>   된 동기에 도전해 봄

(4) 정보수집

평가를 위해 문제의 발생 빈도, 정도나 강도, 지속기간 등의 형태 등에 관해 정보를
수집함

2) 개입단계

개입을 통해 개인의 대처능력을 증대시키고 긴장을 감소시킬 수 있다. 이때 개입의
초점은 클라이언트의 문제 상황에 대해 인식의 평가, 클라이언트 개인의 속성과 기
대, 문제해결기술, 사회적 자원과 대인적 지지의 접근성 등이 있다. 이때에는 인지적
기법뿐만 아니라 행동주의적 기법도 병행

(1) 개입방법

① 인지적 전략 ★★
  - 부정적 인지(사고)체계의 분석: 클라이언트 스스로가 부정적인 인식이나 잘못된
    생각 등을 갖게 한 주변의 상황이나 사건을 스스로 분석 당시 자신의 생각이나
    믿음의 합리성 정도를 평가할 수 있게 함
  - 순기능적 인지(사고)체계로 전환: 클라이언트의 역기능적인 인식체계를 순기능
    적 자기진술로 바꾸어 보게 함
  - 기법: 비합리적 신념 논박하기, 인지적 과제 부여, 소크라테스식 대화법, 합리적
    자기진술 연습하기, 독서 및 시청각 치료기법, 자신의 상담을 녹음한 내용 들어
    보기 등
② 행동적 전략 ★★
  - 클라이언트의 행동연습을 가르치고 격려하며 성공을 확신시켜주고 실수를 교정

하는 것에 대한 적절한 제안
- 클라이언트의 학습 목표를 성취 가능한 과업으로 조직
- 기법: 역할연기, 역할 바꾸기, 과제부여, 벌과 보상 강화 사용, 기술훈련 등
③ 정서적 전략 ★★
- 정서적 장애를 제거하는 다른 방법으로, 클라이언트에게 숨을 깊이 들이쉬고 근육을 이완시키는 법 등을 가르치는 것이 있다. 먼저, 불안과 관련된 신체적 단서를 인식하는 법을 배우고 다음으로 근육긴장과 불안을 줄이는 이완절차를 배움
- 기법: 합리적 · 정서적 상상(심상)법, 클라이언트를 무조건적 수용하기, 치료자의 자기개방, 유머스러운 기법의 활용, 수치감 공격 연습 등

3) 종결단계 ★★★
① 개입의 효과성 및 목표달성정도를 평가
② 문제가 되었던 역기능적 인지체계나 사고체계(비합리적 신념, 자동적 사고, 인지적 왜곡 등)가 어느 정도 합리적인 대안체계로 변화되었는지 확인하고 평가
③ 인지 및 사고체계의 변화가 일상생활 속에서 어떻게 적용되고 있는지 확인

6. 엘리스의 합리적 정서치료(Rational-Emotive Therapy, RET) ★★

1) 합리적 정서 행동치료의 등장배경
① 엘리스는 정신분석적법 즉, 과거의 경험을 가지고 문제를 해결하는 것에 대한 거부감으로 장기간에 걸친 치료와 정신분석에 따른 통찰력의 변화가 행동으로까지 이어지는지에 대해 의문을 제기
② 정신분석적 접근보다 더 직접적이고 생활적인 문제를 다룰 수 있으며, 현재문제에 집중하는 것이 문제의 해결책을 찾을 수 있다고 확신하여 합리적 정서치료를 개발 (1950년대 후반~1960년대)

2) 합리적 정서 행동치료의 특징

① 인지적 행동적 요소를 모두 강조

② 인지, 정서, 행동기법을 통합하는 다차원적 접근을 사용

③ 클라이언트가 치료 중에 획득한 통찰을 자신의 실생활에 적용할 수 있도록 적극적이고 체계적으로 과제를 부여

④ 적극적, 행동적 방법을 사용

3) 인간에 대한 관점

인간은 본래 비합리적으로 생각하는 경향이 있지만 자신의 비합리적 사고를 바꿀 수 있는 힘을 가지고 있음(인간에 대한 낙관적 견해)

4) 비합리적 신념 ★★

엘리스는 인간의 사고와 감정은 서로 연관되어 있으며, 부정적 감정과 심리적 증상들은 비합리적 신념에서 기인한다고 보았다. '반드시 · · · 해야 한다', '절대로', '모든', '완전히' 등의 사고들이 깔려 있기 때문에, 합리적 정서치료에서 치료자는 클라이언트의 비합리적 신념들을 찾아내고 반박하면서 그것을 대체할 수 있는 합리적인 신념들을 제시해줄 수 있어야 한다. 엘리스는 비합리적 신념의 내용과 그것을 반박하는 내용을 제시

5) 왜곡된 사고

① 엘리스는 심리적 혼란이나 부정적 감정의 근원이 되는 비합리적 신념의 특징으로 인지의 왜곡화를 제시

② 인지의 왜곡화는 대부분, ' · · · 해야 한다, · · · 이어야 한다, · · · 해서는 안 된다(must, should, must not)' 등의 당위적 사고형태를 띤다.

6) 엘리스의 합리적 정서치료(Rational-Emotive Therapy, RET)의 개입과정

(1) 개입과정: ABCDE 모델 ★★★

① A(Accident, 사건): 정서와 감정을 유발하는 어떤 실제적인 사건, 현상

② B(Belief, 신념 체계): A에 대한 신념, 사고

③ C(Consequence, 정서, 행동적 결과): 자신의 믿음, 인식으로 인해 생긴 감정과 행동

④ D(Dispute, 논박): 비합리적 신념을 논박, 논의하는 과정

⑤ E(effect, 효과): 논의과정을 통하여 합리적인 신념으로 변화한 후의 감정과 태도

ABCDE 모델 예

① A(Accident, 사건): 시험에 떨어짐

② B(Belief, 신념 체계): "시험에 불합격하다니 끔찍해!"

③ C(Consequence, 정서, 행동적 결과)

  – 바람직하지 못한 정서("시험에 떨어지다니 나는 쓸모없어."

  – 자기비하, 우울, 두려움, 분노)

  – 바람직하지 못한 행동(다음 시험을 준비하지 않는다.)

④ D(Dispute, 논박): "한 번에 합격하라는 법이라도 있는가?"

⑤ E(effect, 효과): "아쉽긴 하지만 이번 일로 나를 무가치하게 생각하는 건 적절하지 않아." 하면서 다음 시험공부를 열심히 함

실제적인 사건 A가 C의 원인이 아니라 A에 갖는 신념체계 B가 C의 직접적인 원인이 되는 것이다. 따라서 B가 중요하기 때문에 A, B, C의 관계 속에서 비합리적 신념 (B)를 찾아낸다.

---

(2) 주요 기법

주요기법에는 과학적 질문 및 도전, 토론으로 구성되는 논리, 자기모니터, 독서요법, 역할연습, 모델링 등

01) 인지행동모델에 관한 설명으로 옳은 것을 모두 고른 것은?　　　**(14회 기출)**

> ㄱ. 행동적 과제의 부여를 중요시한다.
> ㄴ. 클라이언트의 주관적 경험과 인식을 강조한다.
> ㄷ. 인지체계의 변화를 주기 위해 구조화된 접근을 한다.
> ㄹ. 불안감을 경험하는 상황에 노출시킨다.

① ㄱ, ㄴ, ㄷ　　　　　　② ㄱ, ㄷ
③ ㄴ, ㄹ　　　　　　　　④ ㄹ
⑤ ㄱ, ㄴ, ㄷ, ㄹ

☞ 해설

ㄱ. 인지행동모델은 인지이론과 행동주의 이론이 결합되어 만들어진 모델이다. 인지 변화를 통해 행동변화를 유도하며, 변화된 행동을 유지하고 강화하기 위해 행동 적 과제를 부여한다.

ㄴ. 인지행동모델에서는 클라이언트가 특정 상황에 대해 어떤 생각을 했는지를 매우 중요시한다. 객관적인 환경에서도 클라이언트 개개인이 생각하는 내용과 방식 부 여하는 의미 등은 달라질 수 있으며 이는 클라이언트의 행동과 문제에 영향을 미 치는 근본적 요소가 되므로, 클라이언트의 주관적 경험을 중요시한다.

ㄷ. 인지행동모델은 단기 모델이다. 단기 모델은 공통적으로 구조화된 접근을 한다.

ㄹ. 홍수법, 체계적 탈감법 등은 불안을 경험하는 상황에 노출시키는 인지행동모델의 기법

정답: ⑤

02) 인지행동모델에 관한 설명으로 옳지 않은 것은?   (15회 기출)

① 인간행동은 의지에 의해 결정된다.

② 인간행동은 전 생애에 걸쳐 학습된다.

③ 주관적인 경험의 독특성을 인정하지 않는다.

④ 구조화된 접근을 강조한다.

⑤ 지적 능력을 가진 클라이언트에게 적용이 보다 용이하다.

☞ 해설

인지행동모델은 클라이언트의 주관적 경험과 인식을 중요시한다. 인간이 생각하고 느끼고 행동하는 것이 서로 연관된다고 가정하는데, 특히 클라이언트가 특정 상황에 대해 어떤 생각을 했는지를 매우 중요시한다.

정답: ③

1. 인지치료의 등장배경 ★★★

① 백은 어렸을 때부터 자신을 둘러싸고 있는 환경 등 자신의 어려움을 인지적으로
해결하기 시작하였는데, 이후 백의 이론과 치료기법은 자신이 경험했던 부정적 신
념을 지닌 사람들을 원조하는데 이용
② 백은 우울증 환자를 면접하면서 이들에게서 나타나는 부정적 사고나 왜곡된 사고,
인지적 오류 등에 주목하였다. <u>사고의 내용이 일관적이며 사고의 패턴에서 체계적
왜곡이 존재한다는 것을 발견</u>

2. 인지치료의 특징

① 한 개인이 자신과 세계에 대해 가지고 있는 인식이 자신의 심리사회적 문제나 행복
을 결정하는 중요한 역할을 한다고 가정하였다. 따라서 클라이언트의 심리사회적
문제를 해결하기 위해서는 인지적 측면의 왜곡을 수정하는 것이 효과적이라고 주장

② 인지치료는 역기능적이고, 자동적인 사고, 역기능적인 스키마, 신념, 가정 그리고 역기능적인 대인관계의 영향력을 강조
③ 치료자는 클라이언트의 자동적 사고를 수정하여 클라이언트의 정서나 행동을 변화시키는 데 역점을 두며, 클라이언트가 특정 상황을 고정된 인지유형에 따라 해석하는 왜곡된 사고에 관심을 기울인다. 따라서 치료자는 클라이언트의 역기능적인 순환을 발견해내고 이의 순환 고리를 끊고자 함
④ 백은 클라이언트의 심리사회적 문제를 해결하려면 정서 및 행동적 측면도 중요하지만 인지적 왜곡이나 오류를 수정하는 것이 가장 효과적이라고 주장

3. 인지치료의 기본 가정

① 사람들의 감정이나 행동을 결정하는 것은 어떤 사건이나 상황 자체가 아니고 그들이 특정 상황을 상대적으로 고정된 인지유형에 따라 해석하는 방식에 달려 있음
② 자신과 타인, 세계, 생활사건에 대해 정보를 처리하는 과정에서 왜곡된 사고를 하거나 인지적 오류가 발생하는데 이것이 문제의 핵심이자 원인

4. 인지치료의 주요 개념 ★★★

1) 도식
도식은 자신의 인지구조에 따라 특정 자극에만 선택적으로 주의를 기울여 반응하게 되는 인지구조를 의미

2) 자동적 사고(automatic thinking) ★★★
① 자동적 사고는 한 개인이 생활 속의 사소한 자극에 의해 어떤 상황에 대해 내리는 즉각적이고 자발적인 평가나 이미지를 말함
② 대부분 부정적인 내용이며 역기능적으로 작용하게 되는데, 당사자에게는 타당하

며 현실적인 것처럼 생각되기도 함

③ 스스로 의식하기는 힘들지만 주의를 기울이면 쉽게 발견될 수 있으므로 치료과정에서 사회복지사의 도움이 필요함

④ 자동적 사고는 그 사람이 근원적으로 믿고 있는 지속적인 인지현상인 핵심믿음이 태도, 규칙, 가정 같은 중간믿음을 거쳐서 나타나게 됨

3) 핵심믿음체계(core belief system) ★★★

① 클라이언트의 경험을 조직하는 인지구조의 기초로서 개인의 왜곡이나 편견을 형성하는 근간을 이룸

② 아주 근원적이고 깊은 수준의 믿음이기 때문에 자기 자신도 인식하지 못하는 경우가 많음

③ 일반적으로 핵심믿음을 아무런 의심 없이 받아들이고 절대적으로 여기기 때문에 핵심믿음을 입증하는 정보에 선택적으로 관심을 갖지만 그와 반대되는 정보, 즉 핵심믿음이 근거가 없고 사실이 아니라는 정보에 대해서는 관심을 갖지 않거나 무시한다. 결과적으로 핵심믿음이 부정확하고 역기능적인 내용이지만 지속적으로 믿게 됨

4) 중간믿음체계(intermediate belief system)

① 중간믿음은 태도나 규칙, 가정들로 구성되며 핵심믿음이 영향

② 자신의 중간믿음을 잘 인식하지 못하는 경우가 많다.

5) 스키마 혹은 도식(schemata, scheme, schema)

① 도식은 정보를 받아들이고 조직화하는 인지구조로서 개인의 발달초기단계에 사고패턴을 제시

② 도식은 핵심 신념을 수반하는 '정신 내의 인지구조'로서 기본적인 신념과 가정을 포함하여 사건에 대한 한 개인의 지각과 반응을 형성

③ 개인이 현실을 구조화하는 방식은 정서적인 상태를 결정 즉, 정서와 인지 간의 상호관계가 존재하는데 정서와 인지는 서로를 강화하여 감정적 · 인지적 손상을 악화시킨다. 즉, 정서적으로 장애가 있는 사람은 인지적 오류의 도식을 가지게 되는데

그 도식에 따라 정보를 처리하게 되므로 현실을 왜곡하게 되고 장애가 더욱 심해짐

④ 도식은 유지된 기간과 믿음 수준에 따라 핵심믿음체계와 중간믿음체계로 구분됨

6) 인지적 오류(=왜곡) ★★★

생활사건의 의미를 해석하는 과정에서 나타나는 추론 과정의 체계적 오류

① 임의적 추론, 자의적 유추(arbitrary inference)

- 충분하고 적절한 증거가 부족하거나 부적절 함에도 불구하고 결론에 도달하는 것이다.
- 기대하는 어떤 것이 이루어지지 않을 때 그것을 파멸로 생각하거나 최악의 상황을 예측하는 것 등

② 선택적 요약(혹은 추론)(selective abstraction)

- 맥락에서 벗어난 세부사항에 초점을 두는 것으로서 전체적인 상황이나 맥락을 무시하는 것
- 사건의 일부 세부사항만을 기초로 결론을 내리고, 전체 맥락 중의 중요한 부분을 간과한다. 전체 그림을 보는 대신에 한 가지 작은 세세한 것에 필요 없이 관심 자신을 지지하는 단일의 근거만을 선택적으로 채택
- 자신의 많은 장점들에도 불구하고 몇몇 단점에만 집착하거나 잘한 것보다는 잘 못한 것에 연연하고 현재 자신이 가지고 있는 것들보다 가지고 있지 못한 것들에 집착하는 경우

③ 이분법적 사고(dichotomous thinking)

- 실패나 성공 등 극단적인 흑과 백으로 구분하려는 경향
- 모든 경험을 양 극단 중 하나로 이해하고 평가 이것은 자신의 실패 혹은 나쁜 측면만을 생각하게 하여 흑백논리로 현실을 파악 자동적으로 부정적인 신념으로 이끌도록 함으로써 낮은 자존감을 불러일으킬 수 있다.

5. 인지치료의 개입기법

독서요법, 문서, 오디오 테이프나 비디오테이프의 사용, 강의와 세미나 참가와 같은

교육적인 지도방법, 소크라테스식 문답법 등

6. 기타 개입기법 ★★★★

1) 인지재구조화
① 기존에 개인이 인식하고 있는 것을 재구성해서 사고의 방식을 변경하는 것
② 역기능적 사고와 관념을 인식해서 이를 현실적인 사고와 관념으로 대치하고 순기능적일 수 있도록 원조하는 기법
③ 인지재구조화는 전형적으로 인지구조 혹은 인지과정의 합리성과 타당성의 조사를 통해 이루어진다. '클라이언트의 신념이나 인지과정을 뒷받침해줄 만한 논리적이며 경험적인 증거가 있는가' 라는 질문을 통해 이루어짐

2) 경험적 학습
① 자기 자신의 인지적 오류에 부합하지 않는 특정한 행동을 하도록 함으로써 클라이언트가 자신의 인지적 오류를 발견하고 수정하도록 하는 기법
② 인지적 불일치 원리로 설명되는데, 인지적 불일치란 자신의 행동이나 생활양식에 부합하지 않는 태도나 신념을 변화시키려는 경향을 의미

3) 체계적 둔감법(=체계적 탈감법) ★★★
① 전통적인 조건화의 원칙에 근거한 기법
② 클라이언트에게 가장 덜 위협적인 상황에서 가장 위협적인 상황까지 상황을 순서대로 제시하면서, 불안자극과 불안반응 간의 연결이 없어질 때까지 불안을 일으키는 자극들을 반복적으로 이완상태와 짝짓는 기법
③ 위협수준이 높아질수록 더 많은 불안을 일으키지만 궁극적으로 이에 상응하는 이완훈련을 통해 위협적 상황에 둔감해져서 실제 위협적인 상황에 부딪힐 때 불안을 경험하지 않게 됨
④ 클라이언트의 충분한 이해와 동의가 필요

4) 모델링(modeling) ★★★

(1) 개념과 특징
① 다른 사람이 행동하는 것을 봄으로써 새로운 행동을 학습할 수 있게 하는 기법으로서 클라이언트가 시행착오를 거치지 않고 새로운 행동을 학습할 수 있다.
② 모델링은 관찰학습과정을 통해 이루어지는데 관찰학습은 주의집중과정 → 보존과정(=파지과정) → 운동재생과정 → 동기과정으로 이루어짐

(2) 모델링 구성요소 및 절차
① 변화를 필요로 하는 구체적인 행동을 파악
② 클라이언트가 모델에 주의와 관심을 갖도록 함
③ 모델을 제시
④ 모델의 행동을 따라하도록 함
⑤ 따라한 행동을 강화

5) 관찰학습과정 ★★★
① 주의집중과정: 새롭게 학습할 행동에서 중요한 특징에 관심을 기울이고 정확하게 지각하기 위해 노력함
② 보존과정(=파지과정): 관찰한 행동을 상징적인 형태로 기억 속에 담는 과정이다. 파지과정이라고도 함
③ 운동재생과정(=행동적 재현과정): 관찰한 행동을 외형적인 행동으로 전환하는 단계
④ 동기과정: 관찰한 것을 적절하게 수행할 수 있도록 동기 유발을 시켜 행동을 통제하는 과정

6) 이완훈련≒긴장반대
① 클라이언트가 겪을 수 있는 스트레스 상황에 적절히 대처할 수 있도록 돕는 기술로서 만성적으로 불안하거나 긴장감이 높은 클라이언트, 위기상황에 처한 클라이언트, 우울이나 분노 등을 느끼는 클라이언트에게 효과적
② 클라이언트에게 특정 근육을 수축, 이완하는 기술을 가르치고, 규칙적이고 깊은

호흡을 할 수 있는 방법, 즐거운 생각이나 이미지를 떠올리는 법 등을 훈련함으로써 스트레스에 대처할 수 있도록 원조

7) 사회기술훈련

개념: 대인관계에서 불편함을 느끼거나 지나치게 부끄러워하는 사람, 혹은 공격적인 사람 및 자기중심적이며 다른 사람들에게는 관심이 없어 원만한 대인관계 및 사회적 관계를 맺기 어려운 사람들을 대상으로 사회기술을 향상시키기 위해 실시하는 훈련

8) 시연(=행동시연, rehearsal)

① 습득한 행동기술을 현실세계에서 직접 실행하기 전에 사회복지사 앞에서 기술을 반복적으로 연습하는 것

② 숨겨진 시연은 클라이언트가 원하는 반응에 대해 속으로 상상해보고 반영, 명백한 시연은 클라이언트가 원하는 행동을 역할극에서 실제로 말로 표현하고 행동으로 나타내는 것

9) 자기지시기술

① 변화시키기 원하는 행동을 대상으로 구체적인 목표를 정하고 이에 따라 실천 행동 지침을 작성하며 이를 실행에 옮기는 기술

② 과제나 기술 혹은 문제해결과정의 수행을 안내할 자기언어화(self verbalization)를 활용하는 것으로 단계별로 자기진술을 활용하여 자신감을 개발

10) 자기대화관리훈련

① 자기대화(self-talk)는 스스로에게 주는 메시지를 의미

② 자기대화의 왜곡을 수정하도록 도움으로써 습관적인 사고방식을 변화시켜 문제가 되는 감정이나 행동을 좀 더 효과적으로 통제할 수 있다고 봄

01) 사회복지실천모델에서 사용하는 기술에 관한 설명으로 옳은 것은?

(15회 기출)

① 예외질문 – 문제가 해결된 미래에 대해 상상하도록 함으로써 변화의 목표를 찾아
  낸다.
② 명료화 – 저항이나 전이에 대한 이해를 반복, 심화, 확장하여 통합한다.
③ 행동조성 – 목표행동을 세분화하여 연속적, 단계적으로 강화하는 것이다.
④ 유형 역동성 고찰 – 상황을 드러내고, 그에 따른 감정을 표현함으로써 감정전환을
  도모한다.
⑤ 체계적 탈(둔)감법 – 특정 행동에 대한 불안을 유발하는 행동을 하도록 지시하는
  것이다.

☞ 해설
행동조성(shaping)은 행동수정의 가장 대표적인 기법으로서 행동형성이라고도 한
다. 클라이언트가 새롭게 배워야 할 목표행동을 세분화하여 연속적, 단계적으로 강
화한다.

정답: ③

02) 대중 앞에서 발표할 때 만성적 긴장과 불안을 호소하는 클라이언트의 문제를 해결하기 위한 다음의 실천 활동에 포함되지 않은 기법은? **(16회 기출)**

> 사회복지사는 대중 앞에서 발표를 잘하는 사람의 동영상을 클라이언트에게 여러 차례 보여줬다. 이후 사회복지사 앞에서 간단한 발표를 반복적으로 연습하게 한 후 2~3명 앞에서 발표하게 하였다. 발표에 앞서 사회복지사는 20초 복식호흡과 함께 평화로운 하늘의 구름을 연상하도록 지시하였다. 그 후 그룹의 크기를 조금씩 키워가면서 발표하도록 하였고, 나중에는 200여 명 앞에서 발표를 하도록 하였다. 이때도 복식호흡과 심상훈련을 하게 하였다.

① 시연   ② 모델링   ③ 이완훈련
④ 정적 강화   ⑤ 체계적 둔감화

☞ 해설

사회복지사는 대중 앞에서 발표를 잘하는 사람의 동영상을 클라이언트에게 여러 차례 보여주었다(=② 모델링) 이후 사회복지사 앞에서 간단한 발표를 반복적으로 연습하게 한 후 2~3명 앞에서 발표하게 하였다(=① 시연) 발표에 앞서 사회복지사는 20초 복식호흡과 함께 평화로운 하늘의 구름을 연상하도록 지시하였다(=③ 이완훈련) 그 후 그룹의 크기를 조금씩 키워가면서 발표하도록 하였고, 나중에는 200여 명 앞에서 발표를 하도록 하였다(=⑤ 체계적 둔감화).

정답: ④

제9장
|
위기개입, 역량강화모델

1. 위기개입

1) 위기의 정의
위기는 개인이 어떤 문제를 위협적 혹은 외상적 위험사건을 경험함으로 인해 취약해지면서 지금까지의 대처전략으로는 스트레스나 외상에 대처하거나 경감할 수 없는 불균형의 상태가 되는 것을 의미

2) 위기의 특성
① 위험과 기회가 공존
② 위기는 이해하고 설명하는 것이 복잡
③ 위기에 나타나는 불안은 긍정적 변화의 추진력이 되고 성장과 변화에 도움
④ 오래된 문제일수록 빠른 해결책을 기대하기 어려움
⑤ 선택은 위기에 처한 사람에게 목적을 설정하게 해주므로 중요
⑥ 보편성과 고유성을 지니고 있음
　- 보편성: 모든 위기에는 혼란이 따르게 되며 위기에 처했던 사람이 다시 위기를

경험할 수도 있음

- 고유성: 같은 상황에서 누구는 성공적으로 위기를 극복할 수 있지만, 반면 다른 누구는 그렇지 못할 수도 있음

3) 위기의 유형

(1) 발달적 위기

① 발달적 위기는 인간이 성장하고 발달해 나가는 과정에서 발생하는 사건이나 발달 단계마다 요구되는 발달과업에 의해 새로운 대처자원이 필요할 때 발생하는 위기

② 개인의 생애주기에 따르는 위기와 가족의 발달단계에 따르는 위기를 포함

③ 발달적 위기는 정상적인 것으로 볼 수 있으나, 모든 발달적 위기는 개인마다 독특한 것으로 각각의 독특한 방법으로 사정되고 다루어져야 함

(2) 상황적 위기

① 사람이 예견하거나 통제할 수 없는 갑작스러운 사건이 발생할 때 나타나는 위기를 말함

② 누구에게나 일어날 수 있으며, 때로는 파괴적인 위력

(3) 실존적 위기

목적이나 책임감, 독립성, 자유, 책임 이행과 같은 중요한 삶의 이슈에 동반되는 갈등과 불안과 관련되는 위기

2. 위기상태의 발생

1) 위기상태의 발생요인

① 위협을 포함하는 위험한 사건의 존재

② 그 위협이 갈등을 일으키는 초기 위협과 상징적으로 연관되어 있고, 현재 또는 과거의 본능적 욕구를 위협하는 것

③ 개인이 적절한 대응기제로 대처해 나갈 수 없는 경우

2) 위기상태의 특징
① 위기상태에는 심리적인 무방비 상태가 고조되어 있으며 방어기제가 약해져 있음
② 문제해결 능력이 극도로 제한
③ 초기단계에서 주어지는 타인의 도움을 받아들이기가 쉬움
④ 감정의 균형을 잃은 경험이 있는 사람들은 균형을 도로 찾으려고 노력
⑤ 일반적으로 급격한 위기상태는 일시적이며 단기간(6~8주)임
⑥ 위기는 삶에서 야기되는 다양한 사건의 대처법을 배울 수 있다는 점에서 성장의
   기회라고 생각할 때 잘 대처할 수 있음
⑦ 위기에 수반되는 감정은 일정한 과정을 거쳐서 전개

3) 위기발달단계 ★★★
(1) 사회적 위험(hazardous event)
① 특정한 스트레스 사건으로서 외부적 쇼크나 내적인 변화가 개인의 신체 및 심리사
   회적 안정 상태에 일어남
② 예기될 수 있는 사건(당연히 일어날 수 있는 것): 발달단계나 생활주기의 전환단계
   에서 일어날 수 있는 위기로서 잘 극복해 나감으로써 성장·변화해 나감
③ 예기치 않은 위기: 누구에게나 일어날 수 있지만 뜻하지 않은 시기에 닥쳐올 수 있
   는 돌연한 변화

(2) 취약단계(vulnerable state)
① 혼란(upset)단계
② 최초의 쇼크에 대한 개인의 주관적 반응의 단계
③ 개개인마다 사건을 인지하는 정도에 따라 나름대로의 방법으로 대처
④ 대체로 이를 본능적 욕구나 자율성의 위협으로 바라보거나, 또는 인격이나 능력의
   상실로 바라볼 수 있음

(3) 위기촉진요인(precipitating factor)

① 취약단계를 불균형의 상태로 전환시키는 일련의 연쇄적인 스트레스 유발 사건들을 말함

② 최초의 사회적 위험이 위기촉진요인을 만나면 위기 당사자의 균형상태(homeostatic balance)는 무너지고 실제 위기단계(active crisis state)로 넘어간다. 경우에 따라 최초의 사건만으로 바로 위기상태에 빠지기도 함

(4) 실제 위기단계(active crisis state)

① 위기단계란 개인의 주관적인 상황에 대한 표현

② 일단 개인의 항상성 기제(homeostatic mechanisms)가 무너지면 긴장이 최고조에 달하고 불균형 상태가 시작

③ 캐프란(Caplan)은 이러한 불균형의 위기단계는 길어야 4~6주간 지속될 수 있다고 함

(5) 재통합(회복, reintegration, restoration)

① 긴장과 불안이 점차 가라앉고 개인의 기능이 다소 재구성되는 단계이지만 사실상 위기단계의 연장

② 불균형 상태는 그리 오래 지속될 수 없지만 조정, 적응과 통합, 또는 부적응과 부정적인 형태와 같은 새로운 문제가 발견

3. 위기개입모델 ★★★

1) 위기개입모델의 개념

위기개입모델은 위기상황에 즉각적으로 개입하여 단기 전문원조를 제공하는 모델로, 개인이나 가족이 갑작스러운 위험에 처했을 때 단시간 안에 집중적으로 개입하며, 클라이언트가 자신의 능력과 사회적 자원을 동원할 수 있도록 원조하여 사건의 영향을 최소화하기 위한 심리사회적인 접근방법

2) 위기개입의 기본원리 ★★★

① 즉각적이고 신속한 개입이 이루어짐
② 사회복지사의 역할은 행동기술에 초점을 둠
③ 최소한의 목표는 파멸의 예방, 균형상태 회복, 위기 이전 상태로 돌아가는 것
④ 절망하는 클라이언트에게 희망을 고취
⑤ 사회복지기관이나 병원 등 여러 자원의 정보를 제공하여 지지할 수 있도록 함
⑥ 문제를 파악하고 문제해결에 초점을 두어 문제를 해결할 수 있도록 함
⑦ 클라이언트와 신뢰관계를 조성하여 클라이언트의 방어를 줄여 자기상을 보호하고 건전한 자기상을 확립하도록 원조
⑧ 자립

4. 역량강화모델

1) 역량강화(empowerment)의 정의

① 1970년대에 생태체계관점에 근거한 강점지향 혹은 해결중심접근의 중요성이 대두되었는데 체스탕, 솔로몬, 핀더허그 등의 학자에 의해 1970년대 중반에 역량강화모델이 개발
② 역량강화모델은 완전히 새로운 사회복지실천모델이 아니라 사회복지전통에 녹아있던 강점 중심 개입의 재부상이라고 할 수 있다. 1800년대 말 인보관운동이 역량강화모델의 토대로 봄
③ 역량강화모델은 생태체계관점과 강점관점을 이론적 기반
④ 역량강화란 필요한 환경자원을 스스로 이용하지 못하고 스트레스 상황에 효과적으로 대처하지 못하는 클라이언트가 충분하게 자신의 삶을 통제할 수 있도록 원조
⑤ 자신이 처한 상황을 스스로 개선하기 위한 행동을 취할 수 있도록 개인적 · 대인적 · 정치적 측면에서 힘을 키워나가는 과정
⑥ 자기 삶에 대한 결정과 행위에 있어서 힘을 가질 수 있도록 돕는 것힘을 가진다는 것은 필요한 자원을 환경에서 얻을 수 있다는 것을 의미

2) 역량강화의 방법

역량강화는 클라이언트에게 환경으로부터 힘을 받아 클라이언트의 역량과 자신감을 증진시켜 행사하는 데 방해가 되는 사회적 혹은 개인적 장애의 영향을 감소시키는 것

3) 역량강화의 다양한 차원

(1) 개인적 차원

개인 차원의 역량강화는 개인의 역량, 지배감, 강점, 변화능력에 영향력을 주며, 자신을 바르게 설명

(2) 대인관계 차원

다른 사람에 대해 영향력을 미칠 수 있도록 하는 것이며, 이는 어느 일방에 의해 주거나 혹은 받기만 하는 것이 아니라 상호 교환하는 관계를 형성하는 것. 사회복지사는 클라이언트에 대한 타인의 바른 이해를 격려하며 동시에 타인에 대해 올바르게 이해할 수 있도록 도와야 함

(3) 구조적 차원(=사회 · 정치적 차원)

정치적, 사회적 상황과 같은 사회구조를 바꿈으로써 좀 더 힘을 얻고, 새로운 기회를 창출. 사회적 수준에서의 자원 창출은 그 사회의 모든 개인에게 힘을 부여 함

5. 강점관점(strengths perspective)과 역량강화 ★★★

1) 강점의 의미와 특성 – 샐리비(Saleebey)

① 강점은 어려움에 직면했을 때 교육으로 학습한 세상에 관한 지식을 내포하며 생활 경험을 통해 배운 것을 가지고 외상, 혼란, 억압 등과 투쟁하며 대처해 나가게 함
② 사람들의 재능도 강점이 될 수 있으며, 의사소통의 힘을 지님
③ 강점은 개인의 문화적인 이야기나 전승 등의 풍요한 자원을 의미

2) 강점관점의 의미와 특성

① 강점관점이란 모든 인간은 성장하고 변화할 능력을 이미 내면에 가지고 있고, 문제가 생겼을 때 문제를 해결할 능력과 힘을 갖고 있다고 보는 관점
② 인간의 존엄성과 가치 그리고 자기결정을 촉진시키는 사회복지의 여러 가치들은 클라이언트의 내재된 잠재력과 능력과 강점들을 함축적으로 인정
③ 강점관점을 적용함으로써 클라이언트 체계의 존중과 원조를 조화시키는 분위기가 창출

3) 강점관점의 실천적 전제

강점관점은 클라이언트의 자원을 풍요롭게 하는 원칙, 이념, 기법을 내포하고 있다. 사회복지사는 이를 인식하고 있어야 하며 클라이언트 체계 내에서 그리고 환경적 맥락에서 좀 더 효과적으로 기능할 수 있도록 이용 가능한 자원을 끌어내야 함

4) 강점관점에 따른 중요한 변화

① 문제는 클라이언트로 하여금 수치심과 비난, 죄책감을 갖게 하므로 문제해결을 더욱 어렵게 만들기 때문에 문제를 문제로 보는 것이 아니라 도전의 전환점과 성장의 기회로 간주할 때 문제를 의미 있게 변화시킬 수 있음
② 문제를 가장 잘 알고 있는 것은 클라이언트이며 클라이언트는 자신의 문제를 해결할 수 있는 자원을 이미 가지고 있으므로 그 자원을 끌어내어 활용할 수 있도록 원조하는 일이 사회복지사의 일이므로 클라이언트의 문제를 병리적이 아닌 강적으로 바라보아야 함
③ 현재의 문제를 해결하고 더 나은 미래를 위해서 지금 할 수 있는 것, 앞으로 할 수 있는 것을 발견하고 적극적으로 활용하는 것이 중요
④ 강점관점은 역량강화모델보다 좀 더 포괄적인 개념으로서 구체적인 모델에 철학적 기반을 제공한다. 또한 클라이언트를 보는 전체적인 시각을 형성

6. 역량강화모델의 개입목표와 과정 ★★★

1) 대화단계(Dialogue Phase): <u>역량강화관계 개발하기</u> ★★
① 클라이언트와 사회복지사 각각의 역할을 규정
② 파트너십 형성(동반자 관계 형성)
③ 현재 상황의 명확화(도전들을 설명)
④ 특정 목적을 위하여 함께 나갈 방향을 정함. 그러므로 목적의식이 구체화되고 클라이언트의 참여를 동기화함

2) 발견단계(Discovery Phase): <u>사정, 분석, 계획하기</u> ★★
① 변화를 위한 자원인 클라이언트의 강점을 탐색
② 가능한 자원체계의 역량을 사정
③ 도출된 목적을 규명하고 세부 목표들을 구체화하여 해결방안을 수립

3) 발전단계(발달단계 Development Phase): <u>실행 및 변화 안정화하기</u>
① 발전단계의 의미
　　– 발전단계에서 실천가와 클라이언트는 대인관계적 자원과 제도적 자원을 활성화하기 위하여 조정하고, 다른 체계와 동맹을 창출하며, 자원 개발을 통해 여러 기회를 확대함. 이러한 접근은 클라이언트의 고유 역량과 환경자원을 강화하게 해줌
　　– 행동계획을 시행하여 클라이언트체계와 환경체계에서 이루어진 변화를 견고히 함

01) 위기개입모델에 관한 설명으로 옳지 않은 것은?   **(17회 기출)**

① 다른 모델에 비해 상대적으로 단기 서비스를 제공한다.

② 위기개입의 표적문제는 구체적이어야 한다.

③ 위기에 대한 반응보다 위기사건 자체 해결에 일차적으로 목표를 둔다.

④ 절망하고 있는 클라이언트에게 희망을 고취시키는 것이 중요하다.

⑤ 위기에 개입하는 사회복지사는 적극적이고 직접적인 역할을 수행한다.

☞ 해설

위기개입에서는 위기로 인한 증상의 제거와 균형상태 회복, 위기 이전 상태로 돌아가는 것 등을 목표로 한다.

정답: ③

02) 역량강화모델(empowerment model)에 관한 설명으로 옳지 않은 것은?

(14회 기출)

① 클라이언트의 잠재적인 역량에 초점을 둔다.

② 변화를 위한 클라이언트의 역할이 중요하다.

③ 발단단계 – 대화단계 – 발전단계의 실천과정 순서대로 진행된다.

④ 이용 가능한 자원체계의 능력을 분석하고 목표를 구체화한다.

⑤ 클라이언트의 참여를 중시하고 자기결정권을 강조한다.

☞ 해설

역량강화모델의 3단계는 대화 – 발견 – 발전단계이다.

정답: ③

제10장
|
가족대상 사회복지실천(1)

1. 가족의 정의

1) 협의의 가족(전통적)
혈연, 입양 혹은 혼인을 기반으로 하는 일차적인 집단으로 성관계가 허용된 최소한의
성인 남녀와 그들에게서 출생하거나 양자로 된 자녀로 구성되어 경제협력을 특징으
로 하는 사회집단

2) 광의의 가족(현대적)
협의의 가족에서 좀 더 넓은 한부모가족, 확대가족, 혈연·입양, 결혼 등으로 제한되
지 않는 친족의 개념, 레즈비언과 게이 부부 그리고 그들의 자녀들을 포함하는 등의
가족형태의 다양성을 인정하는 가족집단을 의미

2. 체계로서의 가족 ★★★

1) 가족체계이론 ★★★

① 가족은 가족구성원 개개인으로 구성된 전체이며, 지역사회를 구성하고 이에 적응하는 부분으로서의 체계(system)이며 가족은 사회체계의 한 유형이다. 따라서 가족은 체계의 특성과 성격을 가짐

② 가족을 하나의 체계로 보는 관점에서는 가족성원 개개인의 초점을 맞추기보다는 전체로서의 가족에 중점을 두는데 이러한 이론을 가족체계이론

③ 가족체계이론은 어떻게 가족체계가 전체적으로 기능하는지, 가족체계의 부분들은 어떻게 상호연관을 맺는지를 밝히려고 함

④ 가족체계이론은 원인과 결과 간의 직접적인 직선적 관계를 밝히려는 이론과 달리 가능한 다양한 결과들을 강조

⑤ 가족구성원은 상호의존하는 관계에 있다. 가족의 상위체계로는 지역사회, 확대가족이 있고, 하위체계는 부부체계, 부모–자녀체계, 형제체계 등이 있다. 이 모든 체계들은 서로 상호작용하면서 에너지를 교환

2) 가족체계의 역동성

① 가족구성원 모두는 가족 내에서 다른 가족원에게 일어나는 일의 영향을 받음

② 가족구성원 각자와 전체로서의 가족은 가족을 둘러싼 다른 많은 환경체계에 영향을 받음

③ 가족과 외부체계를 구분하는 경계는 엄격함과 침투성 정도에 따라 다양

④ 가족은 시간이 지나면서 반복되는 상호작용 패턴, 즉 적응과 균형을 추구

3) 가족체계와 관련된 주요 개념 ★★★
(1) 가족항상성

① 체계는 스스로 평형/균형상태를 유지하려는 경향이 있는데 이를 '항상성'

② 체계로서의 가족은 구조와 기능에 균형을 유지하려는 속성을 가지는데 이를 '가족항상성'

③ 가족항상성은 위기이론과 관련이 있는데 가족은 위기상황 이후에 정상적인 기능수행으로 되돌아가려는 경향이 있음. 사회복지사는 상호작용 패턴을 재조직하고 이러한 패턴을 조절하는 새로운 규칙을 만들어냄으로써 새로운 균형상태를 유지

(2) 경계

① 경계란 체계의 내부와 외부 또는 한 체계와 다른 체계를 구분하는 보이지 않는 선이며, 명확성, 투과성, 유연성 등의 특성
② 가족경계는 가족 내 체계들 간을 구분하거나 가족체계와 외부체계를 구분
③ 가족의 경계는 명확하면서도 융통성 있는 것이 바람직하며, 경계가 지나치게 경직되었거나 혼돈되어 있으며 가족 내 문제가 발생할 가능성

> **경계의 종류**
> - 경직된 경계: 체계 간 상호작용이 이루어지기 어렵기 때문에 의사소통에 융통성이 없고 다른 체계에 관심을 보이지 않는 경계
> - 혼돈된 경계: 체계 간에 독립심과 자율성이 결여되어 지나친 밀착상태에 있으며 체계 간 구분이 어려운 경계
> - 명확한 경계: 너무 경직되지도 않고 너무 혼돈되지도 않은 경계이며, 유연하고 융통성이 있다. 명확한 경계를 가진 가족은 가족성원 간이나 가족 하위체계 간 혹은 가족과 외부체계간에 독립성과 자율성이 인정되면서 융통성 있는 상호작용이 이루어짐

(3) 하위체계

① 가족 하위체계에는 부부 하위체계, 부모 하위체계, 부모-자녀 하위체계, 형제자매 하위체계가 있음
② 건강한 가족은 하위체계 간 경계가 혼돈되지 않고 분명
③ 하나의 체계는 상위체계에 속한 하위체계이면서 동시에 다른 것의 상위체계가 됨 (홀론)

(4) 순환적 인과성(=순환적 인과관계)

① 단선적 또는 직선적 인과관계와 대립되는 개념으로서, 가족 내 한 성원의 변화는 다른 성원이 반응하게 되는 자극이 되고, 이 자극은 다른 가족에게 영향을 미치게 되어 전체에 영향을 주게 된다. 이 영향은 처음 변화를 유발한 성원에게 다시 순환

적으로 영향을 미침

② 순환적 인과성에 따라 가족문제를 해결하기 위해서는 '왜?'보다는 '무엇'을 하느냐에 초점을 두어야 한다. 즉, 문제의 원인보다는 문제를 유지하는 가족의 상호작용에 초점을 두어야 함

(5) 환류고리(feedback loop)

① 가족은 현재의 평형상태를 유지하려는 경향을 갖고 있는데, 주로 의사소통을 통해 조절하거나 환류(feedback)를 통해서 이 상태를 유지하려고 함

② 가족은 가족규범을 만들고 강화함으로써 항상성을 유지하려고 한다. 가족구성원들은 환류 고리에 따라 규범을 강화하기도 하고 가족규범에서 벗어나려는 행동을 부적환류 과정을 통해 저지하며 가족의 항상성을 유지

③ 환류고리는 정적 환류와 부적 환류로 나뉘는데, 두 종류의 환류고리는 정보가 체계에 들어와 작용할 때 체계가 그때까지의 안정을 깨고 일탈을 향해 움직이려는 경향을 증대, 감소시키느냐에 따라 구분하는 것이며, 어느 것이 더 바람직한가의 의미는 없음

환류의 종류

• 정적 환류(positive feedback)
  - 현재의 변화가 지속되거나 증폭되도록 하는 적극적 환류로 적극적 피드백이라고도 함
  - 정적 화류는 현재 자신의 행동이나 변화에 대해 그 행위를 계속하게 하는 정보를 받는 것이다. 즉, 어떤 체계가 A라는 행위를 하고 상대체계가 B라는 반응을 보였을 때, 처음의 체계가 A를 계속하게 되면 B는 정적 환류
  - 가족체계에서 정적 환류는 가족규범을 벗어나려는 행동에 적응하고 변화를 받아들이는 것
  - 가정에서 일어나는 일탈행동이나 갈등상황에 대해 정적 환류를 적용하면, 정적 환류는 최초의 일탈이나 갈등을 증폭시키는 작용

• 부적 환류(negative feedback)

- 어떤 상태나 변화, 새로운 행동이 부적절하므로 원래의 상태로 돌아가게 하는 부정적 환류, 소극적 환류, 소극적 피드백 등
- 체계가 항상성을 유지하고 안정을 유지하게 하는 일탈 감소, 안정 유지, 변화 감소의 역할을 함
- 일탈이나 위기상황으로 더 이상 진전되는 것을 멈추고 원래의 상태로 되돌아가게 하는 작용을 하며, 가족규범으로부터 벗어나려는 행동은 부적 환류를 통해 저지되면서 항상성을 유지하는데 기여

(6) 비총합성

① '전체는 부분의 합보다 큼'
② 체계이론의 이 개념을 가족에 적용하면, 전체는 부분의 합보다 크기 때문에 가족은 개별성원의 특성을 단순히 합한 것으로만은 기술될 수 없으며, 가족을 이해하기 위해서는 개별가족성원의 특성보다는 성원들의 행동을 연결하는 상호작용이나 의사소통 유형에 주의를 기울여야 함

3. 다양한 가족유형

1) 핵가족

부부와 미혼인 직계자녀로 구성된 2세대 가족으로, 한 쌍의 부부와 미혼의 자녀들로 된 기본적 사회단위

2) 확대가족

한 집에 여러 세대가 사는 가족으로, 핵가족이 종적(직계) 또는 횡적(방계)으로 연결되어 형성되며, 자녀가 결혼한 후에도 부모와 동거하는 가족형태이다. 전통적으로 우리나라에서는 가부장제도에 근거한 확대가족이 이상적인 가족형태였으나 핵가족의 증가에 따라 확대가족은 점점 감소하고 있음

3) 노인 가족

산업화에 따른 사회구조와 가치관의 변화로 핵가족화되면서 노인만으로 구성된 가족
이 증가하고 있다. 노인이 자녀와 별거하려는 선호도는 점점 늘고 있어 앞으로 노인
가족은 더 늘어날 전망

4) 한부모가족

부모 중 한 명과 그 자녀로 구성된 가족으로서 최근 이혼과 배우자 사망으로 인해 점
차 증가하고 있음

5) 계부모가족(stepfamilies)

재혼으로 서로 다른 가족이 함께 살게 된 일차집단을 말하며, 가족성원은 계모, 계부
그리고 먼저 결혼에서 낳은 자녀들로 구성된다. 새롭게 자녀를 낳을 수도 있음

6) 혼합가족(blended family)

인척이나 혹은 인척이 아닌 사람들이 함께 동거하면서 전통적인 가족 역할을 수행하
는 형태의 가족을 말하며, 혈연이나 법적으로 아무런 관계가 없을 수도 있음

7) 생식가족(family of procreation)

부부는 이성 혹은 동성일 수 있으며, 생식은 성관계 혹은 인공수정이나 대리모와 같
은 보조적인 생식기술을 통해 형성

8) 위탁가족(foster family)

일정 기간 동안 다른 사람의 자녀를 양육하는 가족형태

9) 수정확대가족

핵가족과 확대가족이 현대화된 가족형태로, 부모님 주위에서 한 가정을 이루며 생활
하는 수정확대가족의 형태가 나타나 확산되는 추세

10) 다문화가족

다문화가족이란 국제결혼이나 입양 등에 의해서 가족구성원 간에 여러 문화가 존재하는 가족을 말하며, 여전히 증가하는 추세이다. 모든 사회구성원은 다문화가족에 대한 다양성을 인정하고 더불어 살아가는 이웃임을 받아들여야 하며, 다문화가족을 위한 사회복지의 관심과 대책이 마련되어야 함

4. 현대사회와 가족의 변화

1) 현대가족의 구조 및 기능상의 변화 ★★★

① 다양한 형태의 가족유형 증가: 한부모, 무자녀, 재결합, 동성애
② 가족구조의 단순화 및 가족규모의 축소: 핵가족, 단독가구, 부부가족
③ 가족주기상의 변화: 만혼증가
④ 가족 기능상의 변화
⑤ 기혼여성의 사회활동 참여 증가

2) 현대가족의 문제와 욕구

① 가족성원의 보호기능 약화, 가족성원들 간의 갈등, 가정폭력, 가족해체, 빈곤 등의 문제, 확대 가족 내 세대 간 갈등 문제 등이 심각해지고 있음
② 빈곤가족, 경제적 부양의 문제 등 가족소득 관련 문제가 증가
③ 가족의 통제능력과 통제기능이 약화되며, 가족공동체로서의 사회화 및 예방적, 치료적 차원의 프로그램과 다양한 서비스에 대한 욕구가 증가
④ 산업화에 따라 가족문제가 다양해지면서 현대가족의 기능 강화를 위해 사회복지 정책과 제도를 보완하고 다양한 가족의 문제해결을 위한 전문적 프로그램과 서비스를 활성화해야 함

5. 가족생활주기 ★★★

1) 가족생활주기(family life cycle)의 정의
① 결혼을 통하여 가족이 결성된 순간부터 자녀의 성장이나 독립, 은퇴, 배우자 사망 등에 이르기까지 가정생활의 변화과정, 즉 가족의 관계상의 발달 및 변화를 가족 생활주기
② 가족생활주기는 가족성원의 연령과 세대를 고려한 발달단계를 의미한다. 개인의 발달단계마다 발달과업이 있듯이, 가족도 생활주기에 따라 성취해야 할 발달과업
③ 가족생활주기에서는 각 단계에 따라 일정한 발달과업이 수반되며, 새로운 단계로 전환할 때는 일종의 위기를 경험

2) 가족생활주기의 특징
① 가족생활주기는 가족의 유형에 따라 혹은 사회 · 문화적 차이에 따라 달라진다. 즉, 한부모가족인지, 재혼가족인지에 따라 가족생활주기는 달라지며, 같은 가족유 형이라도 사회와 문화적 배경이 다르면 가족의 생활주기도 달라질 수 있음
② 가족생활주기 각 단계의 길이나 내용은 가족마다 달라지는데 부부의 결혼 연령과 자녀출산시기, 자녀 수, 독립기간, 부부의 은퇴나 사망 등의 영향
③ 가족은 가족생활주기에 따라 발달하며, 각 생활주기마다 가족이 수행해야 하는 발 달과제와 욕구를 가짐

3) 가족생활주기와 발달과업
① 가족생활주기마다 가족이 수행해야 하는 역할이나 해결해야 할 일을 발달과업(과 제)이라고 함
② 가족생활주기에서는 각 단계에 따라 일정한 발달과업이 수반되며, 새로운 단계로 전환할 때는 일종의 위기를 경험하게 됨
③ 가족생활주기의 각 단계를 잘 거쳐 나가기 위해서는 각 단계의 발달과업을 성공적 으로 성취하는 것이 중요함
④ 가족의 욕구와 문제는 가족생활주기에 따른 발달과업과 관련되는 경우가 많음

4) 사회변화와 가족생활주기

① 최근 초혼 연령이 상승하고 출산율이 저하되고 있으며 평균 수명이 연장되는 등의 사회적 변화가 발생함에 따라 가족생활주기에도 변화가 발생하고 있음

② 첫 자녀의 독립부터 막내자녀의 독립까지를 의미하는 '자녀를 독립시키는 단계'는 과거에 비해 단축되고 있으며, 중년부모의 빈둥지 기간이 연장되거나 노년 가족단계가 길어지고 있음

01) 가족에 대한 설명으로 옳은 것은?   (15회 기출)

① 정서적 기능보다 가계 계승과 같은 제도적 기능이 중시되는 방향으로 변화하고 있다.

② 부모–자녀 관계는 밀착된 경계를 가진 관계일수록 기능적이다.

③ 가족문제는 단선적 인과론으로 설명하는 것이 효과적이다.

④ 가족항상성은 가족규칙을 활성화하여 지속적인 관계를 유지하도록 한다.

⑤ 가족생활주기가 변해도 역할분담은 고정되어 있는 것이 적응적이다.

☞ 해설

체계로서의 가족이 갖는 특성 중 하나가 가족 항상성, 원래 항상성은 생물체가 몸을
일정한 상태로 균형을 유지하려는 작용 또는 성질을 의미 이러한 개념이 가족에 적용
된 것이 가족 항상성 가족항상성은 가족의 구조와 기능에 균형을 유지하려는 속성을
말한다. 가족은 가족규칙을 통해 안정되고 지속적인 관계를 유지하려고 하며 이러한
특징이 바로 가족항상성이다.   정답: ④

02) 가족에 관한 설명으로 옳지 않은 것은?   (17회 기출)

① 사회 변화에 따라 가족의 구조와 기능도 변화된다.

② 위기 시 가족은 역기능적 행동을 보일 수도 있지만 가족탄력성을 보일 수도 있다.

③ 가족은 생활주기를 따라 단계적으로 발달하고 변화한다.

④ 가족은 가족항상성을 통해 다른 가족과 구별되는 정체성을 갖는다.

⑤ 가족은 권력구조를 갖고 있지 않는 애정 공동체이다.

☞ 해설

현대사회는 여성의 사회활동 참여 증가, 양성평등에 대한 의식이 높아지고 있기 때문
에 권력구조의 불평등이 과거에 비해 줄어들었으나 가족 내에 여전히 존재하고 있다
고 볼 수 있다. 가족권력(power in family)란 다른 가족원의 행동을 변화시킬 수 있
는 능력을 의미, 가족권력은 가족규칙에서도 찾을 수 있다.   정답: ⑤

제11장
|
가족대상 사회복지실천(2)

1. 가족사정(family assessment)

가족은 하나의 체계이므로 가족성원의 문제를 가족의 기능이나 역동과 관련하여 이해하는 것만이 아닌 가족에게 영향을 미치는 환경체계와 관련하여 그 상호작용 등을 파악하기 위해 자료를 수집 및 분석하고 종합하는 과정임

2. 가족기능

가족기능이란 가족집단이 가족성원이나 사회에 대하여 행하는 지속적인 작용 또는 작용관계로서 가족이 수행하는 역할, 행위로서의 가족행동을 의미하는데, 구성원들의 의사소통, 상호작용방식, 문제해결방법, 역할분담 등 다양한 요소가 포함된다. 가족의 기능은 시대나 그 사회문화가 개인 및 집단에게 요구하는 가치에 따라 달라질 수 있음

1) 기능적 가족의 특징 ★★

① 가족성원들 사이에 경계가 분명하고 자율성이 있음

② 가족성원들은 서로에 대해 깊은 신뢰감을 가지고 있음

③ 가족규칙은 가족발달에 맞게 변화되며 유연함

④ 부모가 서로 연합하여 권력을 가지되 위협적이지 않음

⑤ 가족의 발달단계에서 요구되는 과업을 수행하는 데 있어서 융통성을 발휘하며, 개방형 가족체계의 적응적인 경계를 갖고 있음

2) 역기능적인 가족의 특징

① 가족체계가 외부와 폐쇄적이어서 교류가 없음

② 가족규범(규칙)에 융통성이 없어 경직되어 있으며 위협적임

③ 가족성원 간에 서로 집착하는 정도가 심하거나 또는 지나치게 무관심함

④ 가족성원에게 정형화된 역할을 부여하여 혼란스럽고 모호하거나 불일치한 의사소통이 이루어짐

⑤ 가족의 발달과업을 수행하는 데 있어 경직되어 있음

3) 가족구조

가족구조란 가족들의 상호작용을 결정하는 기능적 조직 혹은 가족들이 상호작용하는 조직화된 유형으로, 가족의 상호작용을 지배하는 암묵적인 규칙과 위계를 포함한다. 가족구조는 일단 유형화되면 항상성을 유지하기 위해 변화에 저항하는 속성을 나타냄

3. 가족구성원 간의 경계 ★★★

1) 밀착된 가족(enmeshed family)

가족성원 간 독립심과 자율성이 결여된 혼돈된 경계를 가지기 때문에 가족 간에 밀착된 관계가 형성된다. 이 가족은 가족응집력이 지나치게 높아 속박감을 주고, 구성원에게 가족 전체를 위해 희생을 요구하여 구성원들의 자립적인 탐구, 활동, 문제해결을 지원하지 못함

2) 유리된 가족(disengaged family)

가족원 상호 간 경계가 너무 경직되어 가족원 간 상호작용이 이루어지기 어려우며, 의사소통에 융통성이 없다. 가족원 간 응집력과 결속이 낮아서 다른 가족원에 대한 관심이 없고 특히 정서적인 욕구를 잘 알아차리지 못하고 반응하지도 못함

4. 가족 외부와의 경계 ★★

모든 가족은 외부세계와 어떤 유형으로든 경계를 형성하며 살아가는데, 가족은 주변 환경과 다양한 상호작용을 하는데, 가족 외부와의 경계는 경계의 침투성 정도에 따라 개방형 가족, 폐쇄형 가족, 방임형 가족으로 구분됨

경계의 침투성을 구분하는 기준
- 가족체계에 제3자의 개입이 허용되고 환영받는 정도
- 가족구성원이 외부인과 정서적 관계를 맺는 것을 허용하는 정도
- 외부환경과 정보와 자원을 교환하는 정도

1) 개방형 가족체계 ★★

① 가족의 경계는 유동적이다. 가족공간은 더 큰 지역사회의 공간으로 확대되는 동시에 외 부 문화도 가족공간으로 유입됨
② 가족 외부와의 경계가 분명하면서도 침투력이 있음
③ 구성원들의 행위를 제한하는 규칙은 가족의 합의과정에서 도출됨
④ 개인은 다른 식구에게 악영향을 주거나 가족규범을 위반하지 않는 범위 내에서 외부와의 왕래를 스스로 통제할 수 있음

2) 폐쇄형 가족체계 ★★

① 외부와의 경계가 지나치게 분명하고 침투력이 없어 외부와의 상호작용과 사람, 물건, 정보, 생각의 출입을 엄격히 제한함
② 자신들만의 가족생활을 고집하면서 살아가기 때문에 문제가 생겼을 경우 스스로

질서를 회복하기가 어려워지면서 무질서와 혼돈상태에 빠질 수 있음

3) 방임형 가족체계 ★★

① 가족경계선의 방어를 중요치 않게 생각하므로 외부와의 교류에 제한이 없음

② 가족 외부와의 구분이 거의 없음

③ 집안 출입의 권리를 손님이나 제3자에게도 확대하려 함

5. 가족원의 의사소통

1) 기능적 의사소통의 특징

기능적인 의사소통이란 가족원들이 서로 억압받지 않고 자유롭게 사실이나 감정을 표현하는 긍정적인 의사소통유형으로 개방적이고 직접적이며 분명하고 정확한 표현을 주고받으며, 억압받지 않고 자유롭게 감정을 표현한다. 그러므로 언어적 수준, 비언어적 수준, 상황적 수준 간의 일치성이 높음

2) 기능적 의사소통의 예: 나 전달법(I-message) ★★★

① 고든(T. Gordon)이 부모효율성 프로그램(P.E.T)을 통해 소개한 대화방법으로 상대방과 갈등이 발생했을 때, 자신의 마음을 효과적으로 알리는 대화기술임

② '나'를 주어로 하여 자신의 감정을 표현하기 때문에 솔직하고 개방적이어서 상대로 하여금 친밀성과 진지함을 가지게 하여 상대방을 존중하면서도 자신의 주장을 전달할 수 있음

구성

- 상대방의 특정 행동에 대한 묘사
- 그 행동으로 인한 나의 감정을 표현
- 그 행동으로 인해 발생한 결과 혹은 영향을 표현

---

3) 역기능적 의사소통의 특징

① 역기능적 의사소통은 서로 눈치를 보면서 주제를 선택하거나 표현을 주저하고 회피적인 태도를 보이는 의사소통 유형

② 애정적 표현보다는 비난적인 표현을 더 많이 하며, 의사소통이 원만하게 잘 이루어지지 않음

③ 애매모호하고 간접적인 방식으로 의사소통

④ 언어적 메시지와 비언어적 메시지의 의미가 일치하지 않음

⑤ 역기능적인 의사소통방식은 심각한 문제를 유발하고 가족구성원에게 고통을 안겨줌

4) 역기능적 의사소통의 예 ★★★

(1) 이중구속 메시지(double-bind message)

① 언어적 수준과 비언어적 수준이 다른 상호 모순적인 메시지를 받는 것

② 주요한 타인으로부터 다른 수준의 상호 모순되는 두 가지 메시지를 동시에 받으면, 듣는 사람은 두 메시지 중 어떤 메시지에도 반응할 수 없는 혼란스러운 상황에 놓이게 됨

    예) 고등학교 시절에 부모와 갈등이 많았던 아들이 군 입대를 한 후 오랜만에 휴가를 나왔다. 아들이 반갑게 엄마와 인사를 하려 하자 엄마는 차가운 표정을 지으며 고개를 돌렸다. 당황스러운 아들이 멈칫하자 엄마는 "너는 오랜만에 엄마를 만났는데도 반가워하지 않는구나?"라고 말했다.

(2) 위장(신비화 혹은 거짓꾸밈, mystification)

① 의사소통의 명확성이 낮은 역기능적 의사소통으로서 가족 내에서의 갈등이나 어려움을 드러내지 못하고 오히려 모호하게 하거나 가면을 쓰고 거짓반응을 하는 것

② 말하는 사람의 인식을 흐리게 하는 데 효과적인, 판독하기 어려운 모호한 반응을 한다든가 비꼬는 반응을 하여 의미를 다중적으로 만드는 것

(3) 너 전달법(you-message)

① 나 전달법인 'I-Message'와는 반대되는 것으로 '너(You)'가 주어가 되는 대화형식

② 일반화시키거나 지시나 명령 혹은 비난을 섞어서 표현하고 상대방에 대한 평가를 담은 표현을 많이 하며, 상대방에게 행동변화를 요구하지만 오히려 상대방이 받아들이기 어렵고 저항하게 만든다.

예) "너는 꼭 약속시간에 늦게 오는구나", "너는 항상 그래."

5) 구두점(punctuation)

① 구두점이란 연속적으로 지속되는 의사소통의 흐름 가운데 어느 지점에 구두점을 찍느냐에 따라 어떤 상황의 원인과 결과가 달라질 수 있음을 나타내는 상징적 표현

② 예를 들어, 집에 늦게 들어오는 자녀에게 잔소리를 하는 아내의 입장에서는 "자녀가 늦게 들어오니 잔소리를 한다"고 말하면서 상황 묘사의 구두점(=마침표)을 찍었다. 그러나 자녀의 입장에서는 "엄마가 잔소리를 하니 늦게 집에 들어온다"라고 하면서 상황 묘사의 구두점을 찍었다. 하나의 상황에서도 엄마의 입장과 자녀의 입장에서 문제의 원인과 결과는 서로 다르게 표현되는데 이는 순환되는 상황에서 어느 지점에 마침표를 찍느냐에 따라 원인과 결과가 다르게 인식되기 때문

6) 사티어(Satir)의 의사소통 유형 ★★★

(1) 일치형 의사소통: 기능적 의사소통

언어적 메시지와 비언어적 메시지가 일치하는 의사소통 유형으로 친근하고 원만하며 현실적인 문제해결 능력이 있는 사람이 많이 사용함. 메시지가 분명하고 직접적이며, 사람을 비난하지 않으면서 행위를 평가하고 방향 제시를 할 수 있음

(2) 비난형 의사소통: 역기능적 의사소통

자기주장이 강하고 독선적이며 명령적이고 지시적인 사람들이 많이 사용하는 의사소통 유형으로 상대방의 결점을 발견하여, 목소리는 딱딱하고 긴장되어 있으며 큰 소리를 질러 자신이 우위임을 주장함. 이 유형의 경우 상대방의 의견을 경청하거나 적절하게 행동할 수 있는 지식, 기술, 능력이 매우 부족

(3) 회유형(아첨형) 의사소통: 역기능적 의사소통

상대방의 의견에 무조건 동의하고 상대방이 원하는 대로 행동하며, 자기 탓을 많이 하여 상대방에게 죄의식을 갖게 함으로써 상대방으로부터 거부되는 것을 방어하는 의사소통 유형으로 이 유형의 경우 자신의 욕구를 분명히 표현하지 못하며 희생적으로 행동

(4) 초이성형(계산형) 의사소통: 역기능적 의사소통

매사에 비판적이고 분석적으로 평가하는 반응을 많이 하는 의사소통 유형으로 지나치게 이성적이고 잘 따지며 자신의 감정을 잘 표현하지 않으며 실수하지 않으려고 노력

(5) 혼란형(주의산만형) 의사소통: 역기능적 의사소통

타인의 말이나 행동과는 상관없는 의사소통을 하며, 상황을 제대로 파악하여 적절하게 반응하지 못하고, 의사표현에 초점이 없고 요점이 없음

6. 가족규범

1) 가족규범의 개념

① 가족규범(가족규칙, family rule)은 가족의 항상성 유지를 위해 가족성원들에게 특정한 방식으로 행동하는 것을 허용하거나 허용하지 않을 수 있는데, 가족규범은 가족집단 내에서 적절한 행동이라고 간주되는 것을 구체화한 것
② 가족원들이 가족규칙을 어떻게 유지하고 변화시킬 것인가에 관한 규칙 혹은 가족규칙에 대한 규칙을 '메타규칙'이라고 하는데, 메타규칙이 유연할수록 체계는 순기능적으로 움직임
③ 가족 내에서의 관계나 역할 수행과 행위 지침에 대한 지도원리로서, 모든 가족들이 대부분 동의하지만 말로 표현되지 않는 경우가 많음
④ 전체 가족과 개별 가족성원들이 효과적이고 생산적으로 기능하도록 하는 규칙을 수립하는 것이 중요함

2) 역기능적 가족의 가족규범

가족 내에는 많은 규범이 존재할 수 있으나 역기능적 가족의 경우에는 가족규범이 한정되어 있으며, 역기능의 정도가 심할수록 적은 수의 규범에 의해 운영되는 경우가 많음

3) 바람직한 가족규범

가족성원들의 협의와 변화의 가능성을 개방적으로 수용하여 성립된 규범으로, 가족의 발달관계에 따라 융통성 있게 변화함

4) 기능적 가족규범과 역기능적 가족규범의 의사소통의 "예"

(1) 기능적 가족규범

① "가족은 모두 소중하단다. 각자의 생각과 거기에 대한 다른 사람의 의견은 중요한 거야."

② "서로 다르다는 것을 인정해야 해. 가족구성원이 항상 어떤 것에 대해 동의할 필요는 없어."

③ "실망, 두려움, 상처, 분노, 비난, 즐거움, 성취, 등 어떤 감정이든 얘기하는 것이 바람직하다."

(2) 역기능적 가족규범

① "아빠는 어떤 말이든 내키는 대로 말할 수 있지만 다른 사람들은 아빠 귀에 거슬리는 말은 하면 안 돼요."

② "엄마한테 얘기할 때 조심해야 돼. 엄마가 화나지 않게."

③ "가족문제에 대해서 심각하게 의논하지 말자."

7. 가계도(가족사정도구) ★★★★

1) 가계도의 개념과 특징

가계도는 3세대 이상에 걸친 가족성원에 관한 정보와 가족성원들 간의 관계를 도표화한 가족사정도구로, 결혼이나 별거, 이혼, 재혼, 질병, 사망 등 중요한 생활사건이나 인종, 민족, 종교, 직업 등 인구사회학적 특성이 표시되어 있어 각 세대의 가족에 대한 중요한 정보를 얻을 수 있고, 가족 내에서 반복되는 정서적 · 행동적 패턴, 여러 세대에 걸쳐 발전된 가족역할, 유형, 관계 등을 알아볼 수 있음

2) 가계도를 통해 알 수 있는 정보
① 가족구성원에 대한 상세 정보
② 인종집단, 사회계층, 종교와 같은 사회적 정보
③ 각 구성원과의 관계: 단절 또는 융합, 밀착
④ 가족관계: 혈연 또는 인위적 관계
⑤ 가족의 역할 및 유형

8. 생태도 ★★★

1) 생태도의 개념과 특징
① 1970년대에 앤 하트만에 의해 개발된 것으로서 개인 및 가족의 사회적 맥락과 개인 및 가족을 둘러싼 사회체계들과의 상호작용 상태를 하나의 그림으로 나타낸 사정도구임
② 개인 또는 가족의 삶의 공간에 존재하는 생태체계들, 개인 및 가족과 그들 체계와의 관계, 개인 및 가족을 둘러싼 자원 또는 에너지의 유입과 유출을 표시함으로써 클라이언트 (개인이나 가족)에게 유용한 자원이나 환경이 무엇인지 등을 알 수 있음
③ 환경 속의 인간에 초점을 두기 때문에 클라이언트를 생태학적 관점에서 이해하는 데 도움이 됨
④ 생태도를 그린 후 사회복지사와 클라이언트는 클라이언트 체계의 적응과 대처능력을 향상시킬 수 있는 외부요인을 찾고, 조정되어야 할 갈등요소, 연결 및 동원되

어야 할 자원들을 확인해내야 함

2) 생태도의 기능
① 가족생활 및 가족이 집단, 단체, 조직, 다른 가족, 개인들과 맺는 관계의 본질에 대하여 전체적인 시각 또는 생태학적 시각을 가지도록 도움
② 결혼 및 가족 상담, 입양과 위탁가정 연구 등의 다양한 상황에도 활용
③ 생태도는 기본적인 사회적 정보를 간편하게 기록하는 방법이므로 전통적인 사회력과 사례기록을 보완하는 역할
④ 생태도는 클라이언트와 실천가 모두에게 클라이언트의 문제에 대한 통찰력을 얻도록 해주며, 건설적인 변화를 더 잘 모색할 수 있도록 해줌
⑤ 생태도는 특정 시간 동안 중요하게 일어난 상호작용에 대한 '스냅사진'의 역할을 함

9. 사회적 관계망표

1) 사회적 관계망표의 개념과 특징
① 사회적 관계망표(=사회적 관계망 격자, 사회적 관계망 그리드)는 개인, 가족의 사회적 관계망 혹은 사회적 지지를 사정하는 도구
② 사회적 관계망표에는 클라이언트의 사회적 관계망 내에 있는 사람들이 클라이언트와 어떤 관계에 있는 사람들이고 이들이 클라이언트에게 물질적·정서적·정보적 지지를 어느 정도 주고 있으며, 도움은 일방적인지 쌍방적인지, 관계망 구성원과의 근접성과 접촉 빈도 및 최초 접촉시기 등이 표시됨

2) 사회적 관계망표에서 알 수 있는 정보 ★★★
① 가족의 사회적 관계망에서 중요한 인물
② 가족이 지지를 받는 생활영역
③ 사회적 관계망에서 지지를 제공하는 각각의 지지의 특정 유형
④ 제공되는 지지 정도의 중요도

⑤ 지지의 방향: 상호적인가 혹은 일방적인가

⑥ 개인적 친밀감 정도

⑦ 접촉 빈도

⑧ 관계의 기간: 알고 지낸 기간

10. 생활력도표(life history grid)

1) 생활력(도)표의 개념과 특징
클라이언트 삶의 중요한 사건이나 문제를 시기별로 생태도나 가계도처럼 원이나 선, 화살표 등 기호를 사용하지 않고 표를 이용 클라이언트나 가족이 겪고 있는 문제의 발생시점과 촉발사건 등을 파악할 수 있으며, 사건 간에 보이는 양상이나 관계를 파악할 수 있음

2) 생활력도표의 활용
① 특정 발달단계의 생활경험을 이해하는 데 도움

② 아동과 청소년 대상의 활동에서 유용하게 사용

③ 가족의 다양한 시기의 자료를 조직화하여 표현

④ 출생부터 개입시점까지 클라이언트 삶의 다양한 시기에 관련된 여러 가지 특징들을 조사하여 다른 자료와 종합함으로써 클라이언트의 현재를 이해하는 데 도움

11. 그 밖의 가족사정 방법

1) 생활주기표
클라이언트의 생활주기 및 각 발달단계의 과업 및 가족구성원의 발달단계와 주요 과업을 하나의 표로 나타낸 것이다. 생활주기표를 이용하면 가족 내 개별 성원의 현재 발달단계와 과업, 위기 등을 한 눈에 볼 수 있음

2) 가족조각

공간 속에서 가족구성원들의 몸을 이용해 가족의 상호작용 양상을 표현함으로써 가족에 대한 이해를 돕는 기법으로, 역기능적 가족연합을 보여주고 관계를 재조정해야 함을 인식시켜 줄 때 기존의 가족연합을 바꾸고자 할 때 이용

01) 다음의 사례에 나타난 가족 의사소통 내용은? (16회 기출)

> 아버지는 아들에게 "가족회의에서는 자신의 의견을 소신 있게 밝힐 줄 알아야
> 한다"라고 평소에 강조한다. 그런데 막상 가족회의에서 아들이 자신의 생각을
> 말하면, "너는 아직 어리니 가만히 있어!"라고 하면서 면박을 준다.

① 구두점
② 이중구속
③ 피드백
④ 역설적 지시
⑤ 이중질문

☞ 해설

이중구속은 역기능적 의사소통의 한 유형으로서 언어적 수준과 비언어적 수준이 서
로 모순적이어서 어떤 수준의 메시지에 반응을 보여야 할지 혼돈스러운 상태에 놓
이게 되는 상황을 말한다. 아버지는 자신의 의견을 소신 있게 밝힐 줄 알아야 한다
고 강조하지만 막상 아들이 자신의 의견을 말했을 때 "너는 아직 어리니 가만히 있
어!"라고 말하면 아들은 소신 있게 말해야 하는지, 가만히 있어야 하는지 혼란을 느
끼게 된다.

정답: ②

02) 다음 설명에 해당하는 사정도구는? (14회 기출)

> 사회적 지지의 유형을 구분하고 가족의 환경과 필요한 자원을 파악하는 데 유용
> 하다.

① 소시오그램(sociogram)
② 생활력표(life history grid)
③ 가족그림(family drawing)
④ 사회적 관계망표(social network grid)
⑤ 가계도(genogram)

☞ 해설

사회적 지지의 유형을 구분하고 가족의 환경과 필요한 자원을 파악하는 데 유용한 사
정도구는 사회적 관계망표이다. 사회적 관계망표를 통해 클라이언트의 사회적 관계
망에 있는 체계로부터 받는 지지의 종류와 정도, 원조의 방향, 접촉 빈도 등을 알 수
있다.

정답: ④

제12장
|
가족대상 사회복지실천(3)

1. 가족복지실천

가족복지실천에서는 가족 단위로 한 사회복지실천 활동으로, 가족 단위의 문제가 주요 실천대상이 되며, 경우에 따라서는 개인의 문제를 해결하기 위해 가족단위의 개입이 이루어지기도 함

2. 가족실천 초기과정

1) 접수

(1) 접수내용

사회복지실천과정을 시작하고 사례의 적격 여부를 판별하여 접수를 결정하는 단계이다. 접수된 사례에 대해서는 클라이언트와 긍정적인 원조관계를 수립함으로써 클라이언트의 참여를 유도함

(2) 사회복지사의 과제

① 의뢰한 기관의 서비스에 관해 정확하게 정보를 제공하고 그 기관과 접촉할 수 있

게 돕고, 신청자의 욕구가 기관의 서비스 방향이나 내용과 맞지 않을 때 혹은 더
적합한 기관이 있을 경우 의뢰함
② 클라이언트와의 관계형성(라포형성)하기
② 클라이언트가 원조과정 동안 적극적으로 참여할 수 있도록 동기를 부여
③ 클라이언트의 양가감정을 수용하고 자유롭게 표현하여 저항을 해소

(3) 관련기술: 합류하기 ★★
① 합류하기(joining)는 가족치료 혹은 가족 대상 사회복지실천 초기단계의 몇 회기
동안, 사회복지사 혹은 치료자가 가족성원들과 신뢰감을 수립하는 것
② 합류는 가족치료의 중요한 요소로서 사회복지사가 가족성원들과 유대감을 형성하
는 것 구체적으로 사회복지사는 가족원들의 입장을 있는 그대로 수용하고 가족원
의 관점을 인정하고 존중
③ 이때 주의할 점은 특정한 가족성원을 수용하는 것이 아니라 가족성원 모두를 수용
하고 이해하는 것 이렇게 하면 가족원들은 자신들이 사회복지사에게 진정으로 수
용되고 이해되었다는 느낌을 가지게 되어 스스로를 변화하려는 동기와 의지가 생
겨남
④ 사회복지사가 가족성원에 제대로 합류하지 못하면 가족원들이 사회복지사의 개입
을 거부하거나 개입이 실패할 가능성이 높음

2) 자료수집
자료수집은 클라이언트 문제를 이해하고 분석, 해결하는 데 필요한 자료를 모으는 과
정으로, 문제를 이해하고 해결하는 데 도움이 되는 자료를 마련함

자료수집의 출처
- 클라이언트의 진술 · 이야기(일차적인 정보제공자로서 가장 중요)
- 클라이언트의 비언어적 행동
- 초기 면접지 자료
- 관련 인물들(가족, 이웃, 친구, 다른 기관 등)의 면접을 통한 부수적 정보

- 각종 검사 결과(심리/신체검사)와 기록(학교/병원기록)
- 관찰과 가정방문
- 직접 상호작용하면서 느끼는 사회복지사의 개인적 경험
- 사례와 관련된 자료: 신문, 인터넷 뉴스 등

3) 사정 ★★★

① 자료해석 + 의미부여 + 문제규정 + 개입방향을 결정

② 수집정리된 자료를 분석하고 심사숙고하여 문제를 규정해내는 작업

③ 사정과 자료수집은 동시에 일어나며 순환적으로 진행

④ 관련 기술로는 가계도, 생태도, 생활력도표 등이 사정도구로 활용

4) 계획

① 클라이언트와 사회복지사가 서로의 의무와 과업, 구체적인 실천 활동을 약속하는 것

② 목표달성 전략, 사회복지사와 클라이언트의 역할, 개입방법, 평가방법 등을 기술한 내용에 대해 사회복지사와 클라이언트가 동의하는 것

③ 상호 계약의 공식화, 원조과정과 클라이언트가 실제로 무엇을 기대하고 기대 받을 수 있는지 명확하게 함

3. 보웬식 가족치료: 세대 간 가족치료(중간과정) ★★★

1) 특징

① 보웬은 가족을 다세대적 현상으로 보아 다세대적 분석을 통해 현재 가족문제를 파악하려고 함

② 대부분의 가족문제는 가족성원이 자신의 원가족에서 심리적으로 분리되지 못한 데에서 비롯된다고 봄

③ 문제해결을 위해 가족성원이 원가족과 맺는 관계를 통찰하고, 해결되지 못한 감정

적 애착의 해결을 강조함

④ 인간은 부모에 대한 해결되지 않은 정서적인 반응을 가지고 있으며 새로운 깊은 관계를 형성할 때 과거의 유형을 반복하게 된다고 본다. 따라서 건강한 인격을 형성하기 위해서는 가족에 대한 해결되지 않은 정서적 애착을 적극적으로 해결해야 함을 강조

⑤ 미분화된 가족자아 덩어리(=핵가족 정서체계)로부터 벗어나도록 돕는 것, 불안을 경감시켜 자아분화를 촉진하게 하는 것을 개입의 목표로 함

2) 주요 개념 ★★★

(1) 삼각관계

① 두 사람 사이에서 스트레스나 긴장관계가 발생했을 때 제3자를 두 사람의 상호작용체계로 끌어들여 긴장의 수준을 완화하려는 것을 말하며, 이 경우 가족의 분화 수준이 낮을수록 삼각관계를 형성하려고 하는 경향

② 보웬은 삼각관계가 불안이나 긴장, 스트레스를 일시적으로 감소시킬 수는 있으나 가족의정서체계를 더욱 혼란스럽게 만들어 증상을 악화시킨다고 주장

③ 대부분의 가족문제는 삼각관계적 성격을 띠고 있음

(2) 자아분화

① 자아분화는 정신 내적 측면과 외부관계적 측면을 모두 포함하는 개념으로서, 정신 내적 측면에서의 자아 분화란 개인의 지적 측면과 정서적 측면의 분리 또는 구분을 의미

② 외부관계적 측면에서의 자아분화는 한 개인이 타인과의 관계에서 확고한 자아 개념 또는 일관된 신념을 갖고 타인과 분리되어 자주적 · 독립적 행동을 하는 정도

③ 타인에게 자신의 생각이나 감정을 자유롭게 표현하면 타인과 친밀감을 유지하면서도 자신의 독특한 세계를 지켜 나가는 독립된 개체로서 행동을 하면 자아분화수준이 높음

(3) 핵가족 정서과정

① 핵가족은 하나의 정서체계로서 긴장과 불안이 발생하면 그것을 다루는 독특한 기제를 나타내게 되는데, 핵가족 정서과정이란 해소되지 못한 불안들이 개인에게서 가족에게로 투사되는 것을 말함

② 원가족에서 미분화된 부부일수록 작은 스트레스 상황에도 불안을 심하게 느끼고 그 불안 을 해소하기 위해 고정된 관계방식을 사용하게 됨

③ 가족이 분화되지 않으면 부모와의 정서적 단절이 생기고 부모와 정서적 단절이 있는 사람이 결혼하면 다시 가족끼리 정서적으로 융합하게 됨. 즉, 원가족에서 이분화된 개인은 자 신의 부모와 정서적 단절이 생기기 쉬운데 부모와 정서적 단절이 있는 사람이 결혼하여 자신의 가족끼리 정서적으로 융합되는 것을 핵가족 정서과정이라고 함

(4) 가족투사과정

① 부부가 불안이 증가될 때 자신의 미분화된 정서문제를 자녀에게 투사하는 과정을 말함

② 가족투사과정에서 부모의 불안 투사 대상이 된 자녀는 부모의 영향을 가장 많이 받게 되 고 진정한 자기로서 기능하는 능력을 키울 수 없게 됨. 자녀는 점점 진정한 자기로서의 기능이 저하되어, 더욱 부모에게 의존적이 됨

③ 이때 부모는 자녀를 더욱 통제하려 하면서 상호의존적인 관계가 고착되며, 부모와 투사된 대상이 된 자녀는 역기능적 삼각관계를 형성

(5) 다세대 전수과정

① 가족정서과정(자아분화수준, 삼각관계, 융합 등)이 그 세대에서 그치는 것이 아니라 대를 이어 전개되는 것

② 미분화된 가족은 가족원들의 자아분화수준에 영향을 미치고 가족투사를 통해 삼각관계가 상호 맞물려 형성된다. 가족 내에 지나친 융합이나 정서단절 등의 정서과정이 반복되며 이러한 가족정서과정은 대를 이어 전달

(6) 출생순위

① 보웬은 출생순위에 따른 성격유형 연구를 자신의 연구에 접목시켜 출생순위가 가족역할에 미치는 영향에 대해 정리

② 가족정서과정에서 출생순위에 따른 일반적 특성과 관계

③ 형제들은 같은 가족 내에서 모두 같은 경험을 할 것으로 보이지만 형제 순위에 따라, 출생 전후에 가족에게 발생한 사건이나 상황에 따라 제각기 다른 환경을 경험하게 된다. 동일한 사건에 대해서도 형제간에 경험하는 것은 서로 다름

④ 출생순위에 따른 특성을 알아두는 것은 특정 순위의 자녀가 어떤 특성을 나타낼지, 가족정서과정에서 어떤 역할을 할지, 다음 세대에서 어떤 유형의 가족관계 유형으로 나타나는지 예측하는 데 도움이 됨

(7) 정서적 단절(emotional cutoff)

① 세대 간의 불안을 처리하는 방법으로서 해결되지 못한 정서적 애착으로부터 도피하는 것 을 의미함. 즉, 극심한 정서적 분리의 양상을 의미

② 세대 간 미분화의 결과로 나타나며 정서적 융합이 클수록 정서적 단절이 일어날 경향이 높음

③ 정서적 단절은 세대 간의 잠재된 융합을 반영하는 것으로서 세대 간 정서적 융합이 심할수록 정서적 단절의 가능성도 높아짐. 융합이 심한 사람은 가족과의 정서적 접촉을 회피함으로써 문제를 해결하려고 하지만 고립된 소외에서 오는 불안으로 다른 사람과 관계를 맺으면 또 다른 융합을 초래

3) 대표적 기법

① 탈삼각화

② 가계도

01) 자아분화에 관한 설명으로 옳은 것은? (14회 기출)

① 자아분화 수준이 낮을수록 사고와 감정이 균형을 이룬다.

② 자아분화 수준이 높을수록 가족체계의 정서로부터 분화된다.

③ 자아분화 수준이 낮을수록 타인과 융합하려는 경향이 줄어든다.

④ 자아분화 수준이 높을수록 삼각관계가 형성될 가능성이 높다.

⑤ 자아분화 수준이 낮을수록 적응력과 자율성이 커진다.

☞ 해설

자아분화 수준이 높은 사람은 사고와 감정이 균형을 이루므로 예민한 정서를 갖더라도 감정적인 충동을 참을 수 있는 자제력과 객관성을 갖는다.

정답: ②

02) 자아분화에 관한 설명으로 옳은 것은? (10회 기출)

① 두 사람 사이의 갈등을 완화하고자 제3자를 끌어들인다.

② 부모를 거부하여 정서적으로 자신을 고립시킨다.

③ 과거 중요한 타인에 대해 느꼈던 감정을 현재 관계에서 느낀다.

④ 생각과 감정을 분리하고 타인과의 관계에서 자주적으로 행동한다.

⑤ 가족의 분화수준과 기능이 세대 간 전수된다.

☞ 해설

자아분화는 개인 내적으로는 사고와 감정을 분리하는 능력이며, 대인관계 측면에서는 타인과 자신을 구분할 수 있는 능력을 의미한다.

① 삼각화

② 정서적 단절

③ 전이 및 역전이

⑤ 다세대 전수과정

정답: ④

제13장
|
가족대상 사회복지실천(4)

1. 미누친의 구조적 가족치료 ★★★

1) 특징

① 가족을 재구조화함으로써 가족이 적절한 기능을 수행할 수 있도록 돕는 가족치료 방법으로, 가족구조의 불균형(경계가 불분명하거나 지나치게 밀착되어 있는 것, 위계질서의 모호함, 체계 간 경직성 등)의 결과로서 가족문제가 발생한다고 보고 가족구조의 변화, 즉 가족의 재구조화를 목표로 함

② 변화는 하위체계들의 역할과 책임이 명확해지고 이것을 가족구성원 모두가 수용할 때 일어난다고 봄

③ 가족 역기능의 주요 원인: 하위체계 간의 불건전한 동맹과 분절, 지나친 경직과 불분명한 경계선 등

④ 사회복지사의 역할: 가족구성원과 그 성원 간의 규칙 및 역할의 습득 방법을 가족에게 이해시킴으로써 가족을 원조하며, 가족원 간 경계선을 바꾸거나 하위체계를 재정비하기 위하여 가족성원 각각의 행동과 경험을 바꿈

⑤ 개입목표: 가족구조의 변화, 역기능적인 가족체계를 기능적인 구조로 바꾸는 것

2) 주요개념 ★★★

(1) 경계 ★★★
체계와 체계를 구분하는 보이지 않는 선으로, 하위체계 간의 상호역동은 경계가 명확한지, 밀착되었는지, 경직되었는지에 따라서 명확한 경계, 경직된 경계, 밀착된 경계로 구분

(2) 하위체계
가족체계는 각각 하위체계가 있으며 다른 체계와는 구별되는 기능을 하고, 부부 하위체계, 부모-자녀 하위체계, 형제 하위체계로 구분

(3) 제휴
가족체계의 한 개인이 다른 구성원의 활동을 협력하거나 반대하거나 하는 관계를 가지는 것으로, 제휴의 유형으로는 연합과 동맹이 있는데, 연합은 두 사람이 제3자에게 대항하기 위해 제휴하는 것이고, 동맹은 제3자와는 다른 공동의 목적을 위해 두 사람이 제휴하는 것으로 반드시 제3자와 적대관계에 있지는 않음

(4) 세력(혹은 권력)
가족 개개인이 상호작용을 통해 다른 사람에게 미치는 영향력으로, 절대적인 권한을 의미하는 것은 아님. 세력은 가족성원들이 적극적 · 수동적으로 조화를 이루는 방법에 의해 만들어짐

(5) 가족구조
① 구조적 가족치료에서 구조란 '보이지 않는 일련의 기능적 요구' 임. 가족원끼리 상호작용 방법과 연속성, 반복, 예측되는 가족행동 등을 조직한다면, 가족은 고유의 구조를 가지고 있다고 볼 수 있음
② 가족구조는 추상적 개념이므로 이를 이해하기 위해서는 가족성원 간에 존재하는 인과관계의 규칙을 이해해야 함

3) 대표적 기법

(1) 경계만들기 ★★★

가족 내 하위체계 간 경계선이 모호하거나 너무 경직된 경우 이를 수정하는 개인이 필요한데, 경계만들기는 가족성원 각자가 체계 내에서 적절한 위치에 있도록 하위체계 간 경계를 분명히 유지하게 하는 기법임

(2) 합류하기(joining) ★★★

개입 초기단계에 많이 사용되고, 사회복지사가 개입장면에서 가족의 분위기를 파악하여 그에 맞추어 행동하거나 감정을 표현하는 것으로 가족과 사회복지사의 거리를 좁혀주는 역할을 함

(3) 실연(enactment)

치료면담 중에 가족성원들은 치료자 앞에서 가족의 문제나 갈등상황을 직접 재현하는 것으로, 가족 갈등을 '지금-여기(here and now)'로 가져오는 것

(4) 긴장 고조시키기

가족성원 간 의사소통 통로를 차단함으로써 가족 내의 긴장을 고조시키고 대안적인 갈등해결방법을 사용하도록 돕는 기법

(5) 과제부여

가족 상호교류에서 자연스럽게 발전될 수 없는 행위를 실연해 보도록 한 후, 가족이 해야 할 분야를 개발시키기 위하여 과제를 주는 것

(6) 균형 깨뜨리기

하위체계 간의 관계를 재배치함으로써 가족 내 하위체계들 간의 역기능적 균형을 깨뜨리기 위한 기법으로, 이때 사회복지사는 의도적으로 일부 가족성원의 편을 들기도 함

2. 사티어의 경험적 가족치료: 성장모델 ★★★

1) 특징

① 경험적 가족치료에서는 가족에게 통찰이나 설명을 해주기보다는 <u>가족의 특유한 갈등과 행동양식에 맞는 경험을 제공</u>하려고 노력한다. 따라서 가족이 보이는 역기능 양상이 다양한 만큼 그들이 가족에게 주려는 경험도 다양하다. 경험적 가족치료자들은 그들이 제공하는 '경험'이란 가족성원이 자발적으로 자신을 열어 보일 수 있는 기회, 표현의 자유, 개인의 성장 등을 의미함

② 경험을 통하여 개인과 가족이 성장하도록 돕는 형태인 경험적 가족치료의 대표적 가족치료자는 휘태커(Whitaker)와 사티어(Satir)가 있는데 사티어는 성장과정을 체험하는 것이 치료라고 주장하면서 가족이 성숙한 인간으로 성장할 수 있도록 도와야 한다는 성장모델을 강조함

③ 건강한 가족: 사티어는 <u>직접적이고 명백한 의사소통</u>을 사용하며 융통성 있는 가족 규칙, 외부체계와 융통성 있고 개방적인 가족을 건강한 가족이라고 보았다. 건강한 가족은 서로에게 감정표현을 자유롭게 하기 때문에 기쁨과 같은 긍정적 감정만이 아니라 실망, 공포, 상처, 분노와 같은 감정도 자유롭고 개방적으로 이야기한다. 다만 부정적인 면에 치우치거나 비난위주의 표현만을 하지는 않음

④ 병리적 가족: 사티어는 문제가 있는 가정의 의사소통은 모호하고 간접적이라고 지적하면서 이러한 의사소통은 가족원의 낮은 자아존중감에서 비롯된다고 함

⑤ 초점: 가족관계의 병리적 측면보다는 긍정적 측면에 초점을 둠

⑥ 건강하고 정상적인 가족: 가족성원들이 서로의 성장을 돕는 가족

⑦ 역기능적인 가족: 정서가 메말라 있고 회피적, 자기방어적인 가족

⑧ 개입목표: 가족과 개인의 상호작용이나 경험 등을 변화시킴으로써 성장할 수 있는

경험을 하게 하는 것

⑨ 특징: 가족에게 통찰이나 설명을 해주기보다 가족의 갈등과 행동양식에 맞는 경험
을 제공하려고 하며, 가족성원이 내적 경험을 개방하여 가족과의 상호작용을 촉진
하게 함

⑩ 대표적인 학자: 사티어(V. Satir)

2) 주요 개념

(1) 자아존중감 ★★

자아존중감은 사티어의 경험적 모델의 핵심이 되며 치료의 결과적 목적이 되는 개념
으로 자아존중감의 형성에는 가족구조와 부모와의 관계가 중요하게 부각되는 생애
초기에 자녀가 어떠한 관계를 경험했는가가 중요하다. 사티어의 모델은 개인의 낮은
자아존중감을 회복시켜 자신의 가치를 인정하고, 보유하고 있는 장점과 자원을 발견
하고 활용함으로써 문제 상황에 잘 대처할 수 있게 함

(2) 의사소통 ★★

경험적 가족치료 혹은 성장모델로 잘 알려진 버지니아 사티어(Satir)의 이론에서 중요
한 부분을 차지하는 것이 바로 '의사소통' 이론이다. 이 이론에서는 가족을 하나의 체
계적 단위로 보며, 가족 내에서 일어난 모든 행동은 의사소통에 의한 것으로 본다.
즉, 가족이 기능적으로 움직이는지 혹은 역기능적인 병리적 가족인지를 결정하는 중
요한 요인 가운데 하나가 의사소통체계라는 것이다. 따라서 사티어의 가족치료에서
는 가족의 역기능적 의사소통의 맥락에서 확인하고 그러한 의사소통방법을 교정하는
것을 중시

(3) 의사소통 유형

사티어는 사람이 스트레스 상황에 놓이면 자주 사용하게 되는 의사소통을 유형화하
여 설명하였다. 역기능적 의사소통의 공통점은 표현하는 언어적 메시지와 비언어적
메시지의 의미가 일치하지 않는 이중적 메시지로 전달될 때 생긴다. 이러한 이중의
메시지는 자존감이 낮으며, 다른 사람의 감정을 상하게 하는 것을 두려워하는 사람에

게 나타나므로 사티어는 가족치료를 통하여 그들의 자존감을 높이려고 함

(4) 의사소통 유형과 대처유형

① 사티어는 사람들이 긴장할 때 보여주는 의사소통 및 대처유형을 관찰한 결과, 긴장을 처리하는 방식에 공통점이 있음을 발견함
② 자아존중감이 낮으며, 불균형적인 상태에 있을 때 주로 이러한 방식이 나타났는데, 사티어는 이들 유형을 네 가지로 나누었다. 네 가지 유형은 역기능적 의사소통 유형이며, 주로 자아존중감에 문제가 있음을 의미

3) 대표적 기법

(1) 가족조각 ★★★

① 공간 속에서 가족구성원들이 몸을 이용해 가족의 상호작용양상을 표현하게 함으로써 가 족에 대한 이해를 돕는 기법
② 가족원들은 다른 성원들의 조각을 보는 과정에서 통찰력, 이해, 공감, 동정, 후회, 사과 등의 감정을 경험하게 됨
③ 말없이도 다른 사람의 관점을 이해하는 수단을 제공하므로 특히 말이 서툰 가족원에게 유용하며, 주어진 공간에서 구체적으로 관계유형을 볼 수 있고 경험할 수 있음

> **방법**
> 가족성원 중에 한 사람이 조각자가 되어 자신이 지각하고 있는 상황을 각 성원에게 표현하도록 각자의 위치와 신체적 표현을 정해준다. 나머지 구성원들은 조각자가 표현하고 싶은 것이 모두 표현될 때까지 그 자세를 유지 모든 가족이 조각해 보도록 한 후, 조각한 이후에 가족성원 전체가 경험한 것을 이야기하도록 한다. 이때 이성적인 피드백보다는 정서적 피드백이 더 중요

(2) 역할극/역할연습, 역할반전 ★★★

① 역할극 혹은 역할연습(role play)
  정상적 생활에서의 역할과는 다른 역할을 해보는 것으로 사회복지사는 한 성원이 다

른 성원의 역할이나 특성을 맡도록 요청하여 새로운 행동을 시행해 볼 기회를 제공한다. 또한 다른 사람의 내면에 대한 이해를 높일 수 있게 하거나 자신의 역할을 수행하지만 이전과는 다르게 행동해 보도록 함으로써 실제 생활에서 겪을 수 있는 위험에 대한 부담 없이 새로운 행동을 연습하게 하는 기법임

② 역할반전(role reversal)

가족의 두 성원들이 서로의 역할을 바꾸는 경우를 말함

(3) 가족그림 ★★★

가족성원들에게 자신이 느끼는 대로 자유롭게 가족에 대해 그림을 그리게 하는 기법으로 그림을 통해 가족원 자신이 가족에 대해 어떻게 느끼는지, 가족관계에 어떤 문제가 있는지 등을 이해할 수 있음

(4) 비유

주제나 생각이 유사한 다른 상황과 연결시켜 표현하는 기법으로 가족이 자신의 문제를 밝히기를 부끄러워하거나 언급하기를 원하지 않을 때 사용

01) 다음 사례에서 사회복지사가 사용하고 있는 기술은? (15회 기출)

> 딸이 말을 하면 엄마가 나서서 설명하며 대변하는 일이 반복될 때 사회복지사가 딸을 보면서 "엄마가 대변인이시네요. 이것에 대해서 딸이 설명해보겠어요?"라고 하면서 딸이 직접 말할 수 있도록 한다.

① 추적하기
② 경계 만들기
③ 치료적 삼각관계
④ 대처질문
⑤ 재명명

☞ 해설
- 구조적 가족치료 기법인 경계 만들기 기법
- 가족 내 하위체계 간 경계가 너무 모호하거나 경직되어 성원 간 유리되거나 밀착된 경우 경계선을 수정하는 방법
- "엄마가 대변이시네요. 이것에 대해서 딸이 설명해보겠어요?"라고 하면서 딸이 직접 말할 수 있도록 하는 것: 하위체계 간 경계선을 강화시키는 경계 만들기

정답: ②

02) 구조적 가족치료의 모델로 개입하기에 적절하지 않은 것은?　　　(17회 기출)

① 아픈 어머니, 철없는 아버지 대신 동생에게 부모 역할을 하며 자신에게 소홀한 맏 딸의 문제

② 비난형 아버지와 감정표현을 통제하는 어머니의 영향으로 자기감정을 억압하는 아들의 문제

③ 할머니와 어머니의 양육방식이 달라서 혼란스러운 자녀의 문제

④ 부부불화로 아들에게 화풀이를 하자 반항행동이 증가한 아들의 문제

⑤ 밀착된 아내와 딸이 남편을 밀어내어 소외감을 느끼는 남편의 문제

☞ 해설

② 비난형 아버지와 감정표현을 통제하는 어머니의 영향으로 자기감정을 억압하는 아들의 문제는 경험적 가족치료로 개입하기 적절하다. 부모가 역기능적 의사소통의 모델이 되고, 의사소통의 내용이 부정적일 때 자녀의 자존감은 손상될 수 있다고 보았다.

정답: ②

제14장
|
가족대상 사회복지실천(5)

1. 해결중심단기가족치료 ★★★

1) 특징

① 해결중심 단기가족치료(Solution focused Family Therapy)는 <u>사회구성주의의</u>
   <u>영향을 받아 새롭게 등장한 가족치료모델로서 가족의 문제가 무엇인가를 파악하</u>
   <u>기보다는 가족이 원하는 해결이 무엇인가를 초점을 두어 가족을 도우려 함</u>

② 현재와 미래를 강조한다. 클라이언트가 현재와 미래에 적응하는 것이 과거에 적응
   했던 것보다 중시된다. 따라서 과거를 깊이 탐색하기보다는 현재와 미래에 적응하
   는 것을 돕는데 일차적인 초점을 둠

③ 탈이론적이고, 클라이언트의 관점을 중시한다. 클라이언트가 경험하는 문제에 대
   해 어떤 가정을 하지 않는다. 대신에 클라이언트의 특별한 불편에 주목하여 개별
   적인 해결책을 발견하고자 함

④ 클라이언트를 나약하고 결점을 지닌 한 인간으로 보는 것이 아니라 문제를 해결할
   수 있는 힘과 자원을 이미 가지고 있는 존재라고 보며, 문제의 내용보다는 <u>해결에</u>
   <u>초점을 둠</u>

⑤ '반복적으로 잘못 다룬 것'을 문제로 보며, 개인과 가족의 역기능에 초점을 두지
않음

2) 주요 개념

(1) 사회복지사와 클라이언트의 관계 유형

① 불평형 클라이언트

문제의 내용은 잘 알지만 문제를 남의 책임으로 돌리는 유형, 자신을 희생자라고
생각하고 이해받기를 원한다. 이 유형의 경우 자신을 문제해결의 일부로 보지 않고
다른 사람들의 변화를 통해 문제가 해결된다고 생각함

② 방문형 클라이언트

비자발적인 클라이언트로 자신에 대한 문제의식이 없고 변화하려는 동기가 약하
며, '문제'는 자신에게 있는 것이 아니라 다른 사람에게 있다고 생각

③ 고객형 클라이언트

문제를 분명히 인식하고 자발적이며 적극적인 클라이언트로 자신이 원하여 도움을
요청한 자발적 클라이언트와 가장 쉽게 관계가 이루어짐

(2) '알지 못함'의 자세

알지 못함의 자세(not-knowing posture)란 클라이언트로 하여금 '아직 말하지 못한
것'을 말해도 괜찮겠다는 안전감을 느끼는 시작점을 만들어주고 사회복지사 혹은 가
족치료자가 언어적, 비언어적 행동을 통해 클라이언트에게 풍부하고 진실한 호기심
을 전달하는 것을 말함

3) 대표적 기법 ★★★

(1) 치료면담 전의 변화에 대한 질문

① 클라이언트에게 계속적으로 변화가 일어난다는 것을 전제하고, 클라이언트가 면
담을 예약한 후 현재 이곳에 오기까지 달라진 것이 무엇인지 질문함

② 첫 면담시간에 치료자가 클라이언트에게 문제의 심각한 정도가 어떻게 완화되었
는지를 클라이언트 스스로 파악할 수 있도록 질문함

③ 클라이언트의 잠재능력을 발견하고 클라이언트 자신이 의식하지 못하는 해결방안을 찾는 데 도움이 됨

예) "전화로 예약을 한 뒤 일주일이 지났는데요. 그동안 어떠한 변화가 있었나요?"

(2) 예외질문 ★★★

① 문제해결을 위해 우연적이며 성공적으로 실시한 방법을 발견하는 것임

② 문제시되는 실패 경험보다는 성공했던 경험을 찾아내어 그것을 의도적으로 계속 실시하여 성공의 경험을 확장하고 강화하는 것임

③ 문제가 없었던 상황은 문제가 있는 지금 상황과 어떻게 달랐는지 탐색하게 함으로써 문제 해결이 안 된 그 상황을 확대하기 위한 단서를 찾게 함

예) "최근에 문제가 일어나지 않았던 때는 언제였습니까?"

(3) 기적질문 ★★★

① 기적이 일어나서 문제가 해결되었다고 상상하게 함으로써 문제 자체보다는 문제와 별개로 해결책을 생각해보게 하여 기적이 일어났을 때 달라질 수 있는 일들을 실제 행동으로 해보게 하는 것

② 기적에 관한 질문을 한 후 클라이언트가 미래를 이끌어갈 책임이 있다는 생각을 할 수 있도록 질문을 계속함

예) "오늘 집으로 돌아가서 잠을 자고 일어났는데, 밤새 기적이 일어나서 문제가 해결되었다고 가정했을 때, 아침에 일어났을 때 무엇을 보고 기적이 일어났음을 알 수 있었을까요?"

(4) 척도질문 ★★★

① 구체적인 숫자를 이용하여 가족성원에게 자신의 문제의 정도, 변화 정도, 변화에 대한 의지 등을 표현해보게 하는 질문

② 주의할 점은 과거에 초점을 두지 말고 현재와 미래에 초점을 두고 '오늘', '지난 주'와 같이 시작을 규정하는 것

예) "이 문제를 해결하기 위해 당신은 몇 점까지 노력할 수 있나요? 혹은 1점을 향

상시키기 위해 당신은 무엇을 다르게 행동해야 할까요?"

(5) 대처/극복질문

① 클라이언트가 절망적인 상황에서도 잘 견뎌내어 상황이 나빠지지 않은 것을 강조하고, 위기에서 살아남기 위해 적용한 방법을 파악하는 질문

② 문제상황에 있는 클라이언트에게 경험을 활용하도록 하고 새로운 힘을 갖게 하며, 자신의 자원과 강점을 발견하도록 하는 데 도움이 되는 질문

예) "지금까지 해 온 것을 유지하기 위해 무엇을 해야 하나요?"

(6) 관계성질문

① 클라이언트와 중요한 관계에 있는 사람들의 시각에서 클라이언트를 보게 하는 질문

② 사람이 자신의 희망, 힘, 한계, 가능성 등을 지각하는 방식은 자신에게 중요한 타인이 자신을 어떻게 보고 있을 것이라는 생각과 밀접한 관계가 있는데 클라이언트는 문제가 해결되었을 때 자신의 생활에서 무엇이 달라질 것인지에 대해 전혀 예측하지 못하는 경우가 있다. 그러나 클라이언트가 자기 자신을 자신에게 중요한 타인의 눈으로 보게 되면 이전에는 없었던 가능성을 만들어낼 수도 있음

예) "보경 씨 아버지가 여기 계시다고 가정하고 제가 아버지께 보경 씨 문제가 해결될 때 무엇이 달라지겠느냐고 묻는다면 아버지는 뭐라고 말씀하실까요?"

(7) 호기심 갖기

클라이언트를 진단하거나 특정한 어떤 것을 하도록 강요하는 것이 아니라 클라이언트가 원하는 것과 그것을 성취하기 위해 어떻게 해야 하는가를 명확히 하도록 질문하고 그에 대한 반응에 호기심을 갖는 것

(8) 초대하기

① 클라이언트가 상담으로부터 기대하는 바가 무엇인지, 클라이언트의 목적이 성취되고 문제가 해결되는 것 또는 발전을 나타내는 징조가 무엇인지에 대해 대화하도록 초대하는 기법

② 사회복지사는 클라이언트가 미래의 삶과 인생을 어떻게 살고 싶은지 대화할 수 있도록 초대하는 역할

(9) 메시지 전달과 과제부여하기

① 해결중심치료에서는 치료자가 클라이언트와 상담을 하는 동안 관찰실에서 치료팀이 상담과정을 지켜보면서 메시지를 작성한다. 기본적인 치료가 끝나면 치료자는 관찰실로 들어가서 자문팀과 의논하고 메시지를 만드는 시간을 가짐

② 클라이언트에게 돌아와 메시지를 전달하고 과제를 주게 되는데 메시지의 내용은 주로 클라이언트가 문제 해결을 위해 한 일을 칭찬하고, 해결에 단서가 될 수 있는 것을 제안하는 것 등이 포함된다. 이후에는 클라이언트가 수행할 행동적 과제 등이 포함된 과제를 부여함

01) 해결중심모델에 관한 설명으로 옳은 것을 모두 고른 것은?　　　　**(14회 기출)**

> ㄱ. 이론적이고 규범적이다.
> ㄴ. 문제가 발생되지 않았던 예외적인 상황을 중요시한다.
> ㄷ. 해결과제를 수립할 때 클라이언트보다 사회복지사의 견해를 우선시한다.
> ㄹ. 클라이언트의 자원과 과거의 성공경험을 중요시한다.

① ㄱ, ㄴ, ㄷ　　　② ㄱ, ㄷ　　　③ ㄴ, ㄹ　　　④ ㄹ　　　⑤ ㄱ, ㄴ, ㄷ, ㄹ

☞ 해설

ㄴ. 해결중심모델은 문제가 발생되지 않았던 예외적인 상황을 중요시한다. 클라이언트가 가진 예외적인 해결에 초점을 두어 문제보다는 클라이언트가 사용해왔던 혹은 적용 가능한 해결책에 초점을 둔다.

ㄹ. 해결중심모델은 클라이언트에게 이미 문제를 해결할 자원과 잠재력이 있다고 가정한다. 과거에 성공했다는 것은 클라이언트가 가진 자원으로 문제를 해결했다는 것이다.　　　　　　　　　　　　　　　　　　　　　　　　**정답: ③**

02) 해결중심모델에 관한 설명으로 옳은 것은?　　　　**(15회 기출)**

① 규범적이다.　　　　　　　　　　② 과거를 지향한다.

③ 병리적인 것에 초점을 둔다.　　　④ 문제의 원인규명에 초점을 둔다.

⑤ 변화는 항상 일어나며 불가피하다.

☞ 해설

해결중심모델에서는 '변화는 항상 일어나며 불가피하다'고 본다. 변화는 삶의 일부이기 때문에 변화를 막을 수 없다. 문제가 발생하지 않는 예외적인 상황을 발견하고 예외를 확장시킴으로써 긍정적 변화를 이끈다.　　　　　　　　　　**정답: ⑤**

제15장
|
가족대상 사회복지실천(6)

1. 전략적 가족 치료 ★★★

1) 개요

전략적 가족치료는 여러 가지 형태가 있지만 기본적으로는 치료자가 가족의 문제를 해결하기 위한 전력을 고안하는 데 관심을 두는 접근방법 전략적 가족치료에서는 인간의 행동이 왜 일어났는지 보다는 행동의 변화에 관심을 가진다. 따라서 특정 문제를 해결하기 위한 다양한 전략을 시도함

2) 특징

① 전략적 가족치료는 인간의 행동이 일어난 이유보다는 행동의 변화에 관심을 가지며, 이론보다는 문제해결에 초점을 두는 접근방법

② 전략적 가족치료는 여러 가지 형태가 있지만 기본적으로는 치료자가 가족의 문제를 해결하기 위한 전략을 고안하는 데 관심을 둠

③ 인간의 행동이 왜 일어났는지 보다는 행동의 변화에 관심을 가지기 때문에 특정의 문제를 해결하기 위한 다양한 전략을 시도 정교하게 계획된 전략적 개입을 통해

역기능적 가족의 상호작용을 변화시키려고 함

3) 주요 개념 ★★★

(1) 전략적 가족치료 학파의 기초적 세 가지 가정

사이버네틱스로, 어려움은 잘못 시도된 해결의 지속이나 정적 환류고리의 확대에 의해서 생기는 만성적인 문제로, 구조적인 것과 기능적인 것으로 나눌 수 있음

- 구조적인 것: 문제는 가족권력이나 가족경계에 연합이 일어난 결과
- 기능적인 것: 한 개인이 다른 누군가를 보호하거나 통제할 때 나타나는 문제는 전체 가족체계의 기능을 도움

(2) 가족항상성과 증상

가족은 안정을 유지하고자 하는 기능뿐만 아니라 변화하고자 하는 기능을 동시에 갖고 있는 체계이다. 문제가 심각한 가족일수록 변화를 성장의 기회로 인식하기보다는 가족에 대한 위협으로 지각한다. 따라서 '증상'은 대인관계에서 어떤 이득을 취함으로써 유지되는 것이므로 관계에서 증상이 불이익을 가져다주게 되면 그 증상은 사라질 것이라고 가정

(3) 이중구속(double-bind)

동시에 다른 수준에서 상호 모순되는 메시지를 보냄으로써 듣는 사람이 어떠한 메시지에는 선택적으로 반응할 수 없는 혼란스러운 상황에 놓이게 되는 것을 말한다. MRI 집단은 부모-자녀관계에서의 지속적인 이중구속 상황은 자녀를 불안과 갈등에 빠지게 하며 궁극적으로 정신분열과 같은 역기능을 발생시킨다고 봄

이중구속이 발생하는 조건

첫 번째로 메시지가 주어지고, 두 번째는 처음의 메시지와 상충되고 더 추상적이며 듣는 사람이 벌이나 위협으로 지각되는 메시지(흔히 비언어적 메시지)가 주어진다. 이때 듣는 이는 두 가지 메시지가 서로 상반되는 내용을 담고 있기 때

문에 그 사이에서 이러지도 저러지도 못하는 상황에 처하게 된다.

4) 대표적 기법 ★★★

(1) 역설적 지시 ★★★

① 개념: 문제를 유지하는 연쇄를 변화시키기 위해서 가족이 역설적이라고 생각하는 행동, 즉 문제행동을 유지하거나 강화하는 행동을 수행하도록 지시하는 기법으로, 치료자가 목표와 반대되는 것을 실행하도록 지시하여 보다 효과적인 결과를 초래 하려고 한다. 역설적인 개입기술의 대표적인 것은 증상처방과 제지기법, 시련기법 등이 있음

② 증상처방: 클라이언트에게 증상행동을 계속하도록 격려하는 지시나 과제를 주는 기법이다. 클라이언트는 사회복지사 혹은 치료자의 지시를 거부하고 증상을 버리 거나 혹은 지시에 순응하여 증상을 조절할 수 있는 통제권이 자신에게 있음을 인 정하게 되는 원리를 이용한 것

③ 제지기법: 이 방법은 대부분의 가족들이 문제와 이를 해결하기 위해 요구되는 변 화들에 대해 양가감정을 가진다는 전제를 가지고 치료자가 가족에게 이 기법을 사 용하면 가족은 양가감정 중에서 변화를 원하는 방향으로 반응하게 되어 치료효과 를 가져오는 결과를 낳는다고 봄

④ 시련기법: 클라이언트가 가진 증상보다 더 고된 체험을 하도록 과제를 주어 증상 을 포기하도록 하는 기법으로 "증상을 가지는 것이 증상을 포기하는 것보다 더 많 은 어려움을 줄 때 사람은 증상을 포기 할 것이다"라는 전제에 바탕을 둠

(2) 재정의(재구조화 혹은 재구성, 재명명) ★★

가족성원의 문제를 다른 관점에서 보거나 다른 방법으로 이해하도록 돕는 기법으로 가족 내 한 성원이 다른 성원에 대해 갖고 있는 생각이 새로운 시각으로 변화하도록 도움

(3) 순환적 질문

① 가족성원들이 문제에 대해 제한적이고 단선적인 시각에서 벗어나 문제의 순환성

을 깨닫도록 돕기 위한 질문을 연속적으로 하는 기법
② 클라이언트가 자신을 관계의 맥락에서 보게 하고 또 다른 가족원들의 관점에서 바라볼 수 있도록 함
③ 가족의 문제에 대해 원인과 결과를 구분하는 단선적 관점에서 벗어나 문제의 순환적 성격을 분명하게 인식함으로써 가족성원들은 자신들의 제한되고 일방적인 시각에서 빠져 나올 수 있음

2. 가족실천 종결단계의 과업

1) 종결시기 결정하기(종결할 때가 되었는지 판단할 때 고려사항)
① 개입목표의 달성 정도
② 서비스 시간 내 제공 완료 여부
③ 클라이언트의 문제상황의 해결 정도
④ 사회복지사와 기관의 투자 노력
⑤ 이득체감(더 이상의 만남이 큰 도움이 되지 않으리라는 것)에 대한 합의
⑥ 클라이언트의 의존성
⑦ 클라이언트에 대한 새로운 서비스 필요성의 여부

2) 클라이언트와 사회복지사의 정서적 반응 다루기
① 분리과정 동안 경험하는 정서적 반응 서로 해결하기
② 클라이언트에게 종결은 중요한 감정적인 욕구를 만족시켜 온 관계가 사라진다는 고통스러운 과정을 의미하므로 심리적인 스트레스를 최소화하면서 효과적으로 종결하기 위해서는 클라이언트의 정서적인 반응을 다루어 주어야 함

3) 개입을 통해 획득한 효과의 유지와 강화
① 획득된 성과를 유지하고 일반화하고, 클라이언트가 계속 발전할 수 있도록 계획하기
② 사후관리(follow-up): 종결 후 일정 기간(1~6개월 사이)이 지나서 클라이언트가

잘 적응하고 있는지 변화의 유지 정도를 확인하는 것

4) 의뢰하기
목표가 달성되지 않았거나 혹은 달성되었더라도 클라이언트에 대한 새로운 서비스의
필요성 여부를 확인하여 새로운 서비스가 필요한 경우 의뢰함

5) 평가하기
① 원조과정의 결과를 평가하고, 개입의 효과성과 효율성을 측정함
② 무엇이 클라이언트에게 도움이 되었고, 어떤 것들이 달리 진행되었어야 했는지를
알 수 있음

01) 다음 사례에 해당하는 전략적 가족치료의 개입기술은? (14회 기출)

> 컴퓨터 게임중독의 문제를 겪는 자녀가 새벽까지 게임을 하다가 중단하려고 할 때,
> 엄마: (진지하게) "조금 더 하지 그러니 그만두지 말고 계속 해."
> 자녀: "아니에요."

① 증상처방(predecribing)   ② 제지(restraining)   ③ 재정의(reframing)
④ 재보증(reassurance)   ⑤ 합류하기(joining)

☞ 해설
증상처방은 전략적 가족치료의 개입기술로서, 역설적 개입의 일종이다. 클라이언트에게
증상행동을 멈추지 않고 계속하도록 격려하는 지시나 과제를 주는 기법이다.

정답: ①

02) 전략적 가족치료의 치료적 이중구속에 관한 설명으로 옳지 않은 것은? (17회 기출)
① 증상을 이용한다.   ② 빙산기법을 이용한다.
③ 지시적 기법을 이용한다.   ④ 역설적 기법을 이용한다.
⑤ 치료자의 지시를 따르지 않아도 문제가 해결될 수 있다.

☞ 해설
② 빙산기법: 경험적 가족치료의 기법, 개인의 내적 과정을 이끌어내는 은유적인 기
   법, 개인의 행동 이면에 있는 기대, 감정, 감정에 대한 감정, 지각, 열망 그리고 자
   아에 대해 탐색하며 이를 통해 자기가치를 찾고 자아통합을 하도록 돕는 기법, 개
   인을 빙산으로 비유할 때 수면 위에 보이는 것은 사람의 행동이고 수면 아래에 있
   는 것은 사람의 감정, 기대, 지각, 열망 등이다.

정답: ②

제16장
|
집단사회복지실천(1)

1. 집단의 개념 ★★★

1) 정의
집단은 지속적으로 상호작용 하는 2인 이상의 일정한 구성원을 갖고 있으며, 성원들은 소속감 및 공통의 목적이나 관심사를 가지며, 성원들끼리 정서적 결속과 함께 상호의존적이며 상호작용이 이루어지고, 성원의 기능과 역할을 규제하는 규범을 갖고 있는 인간 집합체를 말함

2) 상호작용과 정서적 결속 정도에 따른 구분
(1) 일차집단
공통의 규범을 갖고 있고, 상호지속적으로 광범위한 영역에 걸쳐 영향을 미치는 사람들로 아주 친밀하면서도 자주, 긴밀하게 개인적으로 접촉하면서 관계를 맺는 가족, 친구, 소규모 집단 등을 말함

(2) 이차집단

공식적으로 연관되어 있고 약간의 관심만 공유하고 있는 목적을 달성하기 위해 인위적으로 계약에 의해 형성된 집단으로, 직접 대면해서 접촉하는 경우는 드물거나, 혹은 전혀 직접 접촉하지 않는 경우도 있음

3) 구성방법에 따른 구분

(1) 자연발생적 집단(natural group)

자연발생적 집단은 자연적으로 발생한 사건이나 인간관계상의 매력 혹은 성원의 욕구 등을 기초로 하여 자연발생적으로 구성된 집단을 말함

(2) 인위적 형성집단(formed group)

외부의 영향이나 개입을 통해 의도적으로 만들어진 집단으로, 집단의 목적 성취를 위해서는 일반적으로 외부의 후원이나 협력이 필요함

4) 집단의 목적에 따른 분류

집단의 목적에 따라 분류할 경우 다양한 분류가 존재하지만 사회복지사가 자주 관여하는 집단은 크게 치료집단과 과업집단으로 나눈다. 두 집단은 일반적으로 다음 몇 가지 측면에서 차이가 있음

(1) 집단의 목표

① 치료집단: 성원의 사회 · 정서적 욕구에 대한 만족증가
② 과업집단: 과업달성, 성과물 산출, 명령수행

(2) 실천방식

① 치료집단: 공개적인 의사소통과 적극적인 상호작용을 위하여 성원을 격려
② 과업집단: 의사소통은 특정과업에 관한 논의에 집중되어 있음

(3) 집단 내 성원의 역할

① 치료집단: 성원의 상호작용을 통해 결정됨

② 과업집단: 각 성원에게 과업이 할당됨

(4) 집단과정
① 치료집단: 집단과정은 집단에 따라 유연하거나 형식적임
② 과업집단: 보통 형식적인 일정과 규칙이 있음

2. 치료집단 ★★★

1) 치료집단의 특징
① 치료집단(treatment group)은 교육, 성장, 치유, 사회화 등을 목적으로 하며 한 가지 이상의 목적을 동시에 갖기도 함
② 자기공개성(=자기 개방, self-disclosure)이 매우 높음
③ 진행과정은 집단 내에서만 이루어짐
④ 집단과정의 성공 여부는 성원들의 치료목표가 성공적으로 충족되었는가에 달려 있음

2) 토스랜드와 리바스(Toseland & Rivas)의 치료집단의 주된 목적에 따른 구분
(1) 지지집단(support group) ★★★
① 지지집단은 삶에서 장차 일어날 사건에 좀 더 효과적으로 적응하기 위한 대처기술을 발전시킴으로써 성원들이 삶의 위기에 대처하도록 돕는 집단을 말함
② 비슷한 문제를 경험한 사람들로 구성되기 때문에 유대감 형성이 쉽고, 자기개방수준도 높음
③ 집단지도자인 사회복지사는 집단성원들이 상호원조하면서 지지와 정보를 제공하고, 대처기술을 향상할 수 있도록 동기화시킴
　　예) 이혼가정의 취학아동모임, 암환자 가족모임, 만성장애환자나 환자의 가족들이 질병과 그로인한 영향 등에 대처하는 방법에 대해 토론하고 정보를 공유하는 집단, 자녀 양육의 어려움에 대해 공유하는 한부모집단 등

(2) 교육집단(education group) ★★

① 집단성원들의 지식과 정보 및 기술 향상을 목적으로 자기 자신과 자신이 속한 사회를 잘 이해할 수 있도록 조율을 통해 원조함

② 집단지도사인 사회복지사는 직접적인 교습활동을 통해 기술을 가르치고 정보를 제공하며, 지식을 습득할 수 있도록 도움

③ 집단성원들은 정보를 주고받기도 하지만 전문가의 강의 형태로 정보제공이 많이 이루어지며 집단성원 간 토론 등도 많이 활용되며, 지도자가 정보를 제공하는 형태이기 때문에 강의 형태로 이루어지며 자기개방 정도는 비교적 낮음

　예) 청소년 성교육 집단, 위탁가정의 부모가 되려는 집단, 입양에 관심을 갖고 입양에 대해 정보를 얻고자 하는 부모의 집단, 특정 질병에 대해 정보를 얻고자 하는 사람들로 구성된 집단, 예비부모 교육을 받는 미혼 성인집단, 부모역할 훈련 집단 등

(3) 성장집단(growth group) ★★★

① 집단성원들의 자기인식 증진과 사고 변화를 목적으로 개인의 능력과 자의식을 넓히고 개인적인 변화를 이끌어낼 수 있는 기회를 제공하며 자아향상에 초점을 둠

② 성장집단은 병리적 현상을 치료하는 것보다는 심리적 건강을 증진시키는 데 중점을 둠

③ 집단의 이질성 자체가 성장의 밑거름이 될 수 있으므로 일반적으로 서로 다양한 속성을 지닌 성원들로 구성하는 경우가 많음

④ 자기개방의 정도가 높음

　예) 결혼생활 향상집단, 청소년 대상의 가치명료화집단, 여성을 위한 의식고양집단, 퇴직준비집단, 참만남집단, 잠재력개발집단 등

(4) 치유집단(therapy group) ★★★

① 집단성원 스스로 자신의 행동을 바꾸고 개인적 문제를 완화하거나 대처할 수 있도록 원조하는 집단으로, 사회적 외사이나 건강상의 외상 이후에 스스로 원상 복귀시킬 수 있도록 도움

② 일반적으로 다소 심한 정서적 · 개인적 문제를 가진 성원들로 구성되며, 상호지지를 강조함과 동시에 치유와 회복에 중점을 둠

③ 집단의 공동목적이 있지만, 성원들 개개인의 증상이나 문제가 다르기 때문에 개인마다 상이한 목적을 갖게 됨

④ 집단성원의 자기개방수준은 높지만 개별성원의 문제 정도에 따라 달라질 수 있음

⑤ 집단지도 전문가인 사회복지사는 전문가, 권위적 인물, 변화대리인(change agent)의 역할을 수행함

　예) 정신역동 치유집단, 인지행동 치유집단, 외상 후 스트레스 장애 치유집단, 마약 중독자 치료집단, 공황장애 치료를 받는 외래 환자로 구성된 집단, 금연집단 등

(5) 사회화집단(socialization group) ★★★

① 사회관계에 어려움이 있는 집단성원들이 사회생활에 필요한 사회적 기술을 배우거나 증진시키는 것을 목적으로 지역사회의 생활에서 효과적으로 기능할 수 있도록 원조함

② 프로그램 활동에 참여함으로써 개인적 기술을 향상시키려고 하므로 '활동을 통한 학습(learning through cloing)'을 지향한다. 프로그램 활동, 구조화된 실천, 역할기법, 야외활동, 게임 등을 자주 활용함

③ 사회적으로 수용될만한 행동이나 사회적 기술을 배우고자 하는 사람들로 구성됨

3. 과업집단(task group) ★★

1) 과업집단의 특징

① 조직이나 기관의 문제에 대한 해결책 모색, 새로운 아이디어 개발, 효과적인 원조전략 수립 등의 과업수행을 목적으로 집단과 함께 일하고 노력할 주제에 대해 관심이 많은 사람이나 특별한 재능을 가진 사람들로 구성됨

② 집단성원의 개인적인 성장보다는 방침을 만들어 나가면서 의사를 결정하고 산출물을 만들어내는 것에 초점을 둠

③ 진행과정은 은밀할 수도 있고 대중에 공개적일 수도 있음

④ 집단의 성공 여부는 성원들이 그 과업이나 명령을 달성했는가 또는 성과물을 산출했는가에 근거하여 과제가 수행되고 나면 기능이 정지되어 집단이 해체됨

⑤ 일반적으로 자기공개성(=자기 개방, self-disclosure)이 낮음

예) 팀, 처리위원회, 직원발전집단, 위원회나 자문위원회, 이사회, 사회행동집단, 연합체, 대표위원회, 행정집단, 협의체, 치료회의, 사회행동집단, 사례회의 등

4. 자조집단(self-help group) ★★

1) 자조집단의 특징

① 유사한 어려움이나 관심사를 가진 성원들이 자발적으로 집단을 만들어 동료끼리 경험을 나누어 개인적으로 바람직한 변화를 가져오도록 노력하는 상호 원조집단

② 집단성원 상호 간 문제상황에 대처할 수 있는 능력을 고양하도록 돕는 것을 목적

③ 대인간의 상호지지, 자신의 삶을 책임질 수 있는 능력개발과 향상에 초점을 둠

④ 성원 간 서로 도움을 주고받음으로써 스스로에 대해 긍정적으로 느끼게 되고, 자신의 삶에 대해 적극적으로 대처하고 통제한다는 장점

예) 단주친목모임(Alcoholics Anonymous, AA) 등

01) 집단유형별 특성에 관한 설명으로 옳지 않은 것은? (15회 기출)
① 치료집단은 자기노출 정도가 높아서 비밀보장이 중요하다.
② 과업집단은 구성원의 발달과업 완수를 위해 조직구조의 영향을 최소화한다.
③ 자발적 형성집단은 구성들이 설정한 목적을 보호하는 것이 중요하다.
④ 자조집단에서 사회복지사의 역할은 공유된 문제에 대한 지지를 하는 것이다.
⑤ 비자발적 집단에서는 협상 불가능 영역이 있음을 분명히 한다.

☞ 해설
과업집단은 의무사항의 이행, 조직 또는 집단의 과업성취를 위해 구성된 집단이다.
따라서 과업 완수를 위해 조직구조의 영향을 많이 받게 된다.

정답: ②

02) 토스랜드와 리바스(Toseland & Rivas)가 분류한 집단 유형 중 다음 설명에 해
당하는 것은? (14회 기출)

• 비슷한 문제를 경험한 사람들로 집단을 구성한다.
• 유대감 형성이 쉽고 자기 개발성이 높다.
• 상호원조하면서 대처기술을 형성하도록 돕는다.

---

① 교육집단(educational group)
② 치료집단(therapy group)
③ 과업집단(task group)
④ 지지집단(support group)
⑤ 사회화집단(socialization group)

☞ 해설

토스랜드와 리바스는 집단의 목적에 따라 치료집단(treatment group)과 과업집단 (task group)으로 구분하였다. 이 가운데 치료집단은 다시 지지집단, 교육집단, 치유 집단(therapy group), 성장집단, 사회화집단으로 나뉜다. 비슷한 문제를 경험한 사람들로 집단을 구성하며, 유대감 형성이 쉽고 자기 개방성이 높고 상호원조하면서 대처기술을 형성하도록 돕는 집단은 지지집단에 해당된다.

정답: ④

제17장
|
집단사회복지실천(2)

1. 집단사회복지실천 ★★

1) 집단사회복지실천(group work)의 개념

① 집단사회복지실천이란 집단을 매개 수단으로 하고, <u>목표 지향적 활동을 통하여 개인이 가진 문제를 해결하거나 개인의 강점을 더욱 강화시키고 집단이나 지역사회가 당면한 문제에 효과적으로 대처해 나가도록 돕는 사회복지실천방법</u>

② 집단사회복지실천은 의도적인 집단경험을 통하여 개인의 욕구를 충족시키고 심리사회적 기능을 향상하도록 하며, 개인이나 집단이 당면한 문제를 해결할 수 있도록 하는 사회복지실천방법 중의 하나

③ 집단사회복지실천은 특정한 문제나 욕구가 있는 사람들로 구성된 집단을 대상으로 개인, 집단, 환경의 수준에서 집단지도 전문가의 지식과 기술을 기반으로 개입하는 것

④ 집단사회복지실천은 집단에 속한 개인이 프로그램 활동을 통하여 상호작용을 지도하는 전문가의 도움을 받아 그들의 욕구와 능력에 따라 타인과의 관계나 성장의 기회를 경험하며 나아가 개인, 집단, 사회의 발전을 도모하고자 하는 것

2) 집단사회복지실천의 구성요소

(1) 집단과 집단역동 ★★

① 집단은 공통의 관심사를 지닌 사람들이 공동의 목표를 달성하기 위해 지속적으로 상호작용하는 두 사람 이상의 집합을 말함

② 집단역동은 집단이 가진 특성을 통해 일어나는 집단성원들 간의 상호작용 혹은 집단과정에서 만들어진 힘으로서 개별성원뿐만 아니라 전체로서의 집단에 영향을 미침

③ 공통의 관심사를 가지고 공통의 목표를 달성하기 위해 집단을 형성하면 지속적인 상호작용을 통해 집단역동이 생겨남

(2) 집단성원 ★★

① 집단성원은 성장하고, 학습하고, 치료되기를 원하는 개인으로서 다양한 목적을 가지고 집단에 속하게 됨

② 집단의 성원은 대부분 자발적으로 집단에 참여하지만 의뢰나 강요에 의해 비자발적으로 참여하는 경우도 있음

③ 집단성원들은 집단에 참여하는 경험을 통해서 자신이 필요한 기능적 역할을 수행해 나감

(3) 집단지도자 ★★★

① 집단에 속한 개별성원과 집단 전체의 목적달성을 원조하기 위해 집단지도자인 사회복지사가 필요함

② 집단 내부에서 사회복지사는 집단 전체의 역동성에 영향을 주기 위해 개입하고, 집단성원이 변화할 수 있도록 원조함

③ 집단 외부에서는 기관의 정책이나 집단활동에 필요한 자원 확보에 노력하고, 집단이 기능하고 있는 환경에 영향을 미치기 위한 활동을 함

(4) 프로그램 활동

① 집단사회복지 실천과정에서 집단의 상호작용을 촉진하고 목적을 달성하기 위해서

적절한 프로그램을 활용함

② 사회복지사는 프로그램 자체에 대한 지나친 강조로 집단성원에게 스트레스를 주지 않도록 유의해야 하며, 프로그램 활용의 시기적절성, 프로그램의 적합성, 집단성원의 참여동의, 프로그램의 안전성 등을 고료해서 선택해야 함

③ 게임, 미술작업, 역할극, 무용, 스포츠, 팀 활동 등 다양한 프로그램 활동이 활용

2. 집단사회복지 실천모델

1) 사회적 목표모델(social goals model) ★★
(1) 특징
① 사회적 목표모델은 집단사회복지실천의 초기모델로서 인보관운동과 청년단체의 집단사회복지실천으로부터 성장함

② 집단사회복지실천 초기 전통에 근거를 두고 있어서 민주주의를 유지, 발달시키려는 사회적 목표를 강조함

③ 집단성원 각 개인은 사회에서 의미 있는 참여를 할 수 있는 잠재력을 가지고 있으며, 집단은 효과적인 사회변화를 만들어낼 수 있는 능력을 가지고 있다고 봄

④ 사회행동이 개인의 심리적 건강에 영향을 미친다고 가정하므로, 개인은 자신의 욕구를 타인과 공통된 욕구로 만드는 존재, 자기추구를 사회에 기여하도록 전환시키기 위한 기회와 도움을 필요로 하는 존재로 간주됨

⑤ 민주적 집단과정을 중시함

⑥ 초기에는 집단지도 전문가에 의해 집단의 목표가 결정되지만 점차 그 책임은 집단에게 이양됨

(2) 집단의 목적
① 민주주의와 지역사회 정의를 유지하고 발달시킴
② 개인의 성숙과 민주시민의 역량을 개발함

(3) 집단성원의 과업

사회적 의식과 사회적 책임을 발달시키는 것

(4) 사회복지사의 역할

① 집단 내의 사회의식을 개발하기 위해 영향력 있는 사람으로서의 역할에 중점을 둠

② 사회적 책임의 가치를 심어주고 책임있는 시민으로서 적합한 행동형태를 자극하고 강화하는 역할모델로서 기능함

③ 민주주의적 참여를 통한 학습이 가능하도록 집단 내의 민주적 절차를 개발하고 유지하는 역할을 함

④ '영향을 끼치는 자(influence person)' 의 역할, 즉 바람직한 역할모델을 제시하는 것

(5) 대표적 집단

① 지역사회 내의 범죄와 빈곤 같은 문제를 다루기 위해서 지역사회복지관이나 시민단체 등에서 활용됨

② 오늘날에는 공공주거단지에서 주민 자신들이 범죄에 대항하기 위해 조직한 집단으로 보이스카우트, 걸스카우트, 사회복지관의 지역환경지킴이 등이 속함

2) 상호작용모델(reciprocal model) ★★

(1) 특징

① 개별성원과 집단 간의 상호관계 또는 공생적 관계에 초점을 두는 모델로서 상호적인 관계를 통해 집단성원의 요구와 문제해결에 초점을 둠

② 집단활동 이전에 구체적인 목표를 정하지 않으며, 집단지도자와 집단성원들이 상호작용을 하면서 목표를 설정한다. 즉, 목표설정은 집단지도자와 집단성원 간 상호관계 속에서 이루어지는 집단작용의 본질적인 부분

③ 집단지도 전문가와 집단성원이 집단목표와 결정을 공유

(2) 집단의 목적

① 집단의 문제를 해결하기 위해 집단성원과 집단 간의 상호원조체계를 구축하는 것

에 초점을 둠

② 성원 간 상호원조체계 개발, 집단을 통해 개인의 기능과 사회기능 육성

(3) 사회복지사 역할

① 개인과 집단의 관계나 경계의 불균형을 방지하고, 상호원조체계가 되는 방법을 배우도록 돕는 조력자(enabler)나, 개인과 집단이 상호원조체계가 되도록 중재하는 중재자 역할을 함

② 사회복지사는 구성원과 권력을 공유하고 집단에 대한 통제권을 공유함

(4) 대표적 집단

지지집단, 가정폭력피해자 집단 등

3) 치료모델(remedial model)

(1) 특징

① 치료모델은 사회적 기능 수행에 문제가 있거나 문제가 발생할 확률이 높은 개인에게 원조하는 것을 강조하는 임상모델 집단

② 집단은 개인의 목적을 달성하기 위한 수단 혹은 도구

③ 세부적인 집단목표를 전문가가 사전에 결정함

④ 집단을 통해 개인을 치료하는 것을 초점으로 함

(2) 집단의 목적

① 개개인의 사회적응 향상을 목적으로 함

② 집단 상호작용을 활용하여 역기능 행동을 하는 성원의 치료와 재활을 도움

(3) 사회복지사 역할

① 집단 형성과 운영에 막대한 힘과 영향력을 행사하며, 전문적인 변화 매개인(change agent)의 역할

② 지시적이고 계획적이며 목표지향적 역할

③ 사회복지사는 집단성원 개개인의 욕구와 집단의 욕구를 구체적 목표달성과 관련하여 미리 파악한 후 개입전략을 정하고, 이에 따라 집단회기의 내용을 미리 구조화해야 함

(4) 집단성원 구성
① 집단성원은 집단의 목적에 따라 집단을 구성하도록 지침받은 사회복지사에 의해 선택됨
② 집단성원은 자신의 문제나 어려움을 해결하기 위해 치료적 집단에 참여

(5) 대표적 집단
우울증 치료를 위한 집단, 치유(therapy) 집단, 알코올중독자 회복집단 등

01) 집단 프로그램 유형별 지도자의 역할로 옳지 않은 것은? (15회 기출)

① 한 부모가족 자조모임 – 감정이입적 이해와 상호원조의 촉진자

② 중간관리자 역량강화 프로그램 – 집단토의를 위한 구조제공자

③ 에니어그램을 통한 자기인식 향상 프로그램 – 통찰력 발달의 촉진자

④ 우울증 인지행동집단치료 프로그램 – 무력감 극복을 위한 옹호자

⑤ 중도입국자녀들의 한국사회적응 프로그램 – 프로그램 디렉터

☞ 해설

우울증 인지행동집단치료 프로그램은 치료모델에 속하며 치유집단(therapy group)
이다. 치유집단에서 집단지도자는 전문적인 변화 매개인으로 역할을 한다.

정답: ④

02) 집단 사회복지실천의 원칙에 관한 설명으로 옳은 것을 모두 고른 것은?

(14회 기출)

ㄱ. 집단활동에 필요한 최소한의 규범을 설정한다.

ㄴ. 집단이 직면하는 어려움을 해결하기 위해 개입한다.

ㄷ. 집단성원의 참여를 촉진하기 위해 지지한다.

ㄹ. 집단성원의 성장을 돕기 위하여 개인의 욕구에 대응한다.

---

① ㄱ, ㄴ, ㄷ

② ㄱ, ㄷ

③ ㄴ, ㄹ

④ ㄹ

⑤ ㄱ, ㄴ, ㄷ, ㄹ

☞ 해설

집단 사회복지실천은 체계적으로 계획된 집단활동에 참여함으로써 개인의 문제해결

및 전체로서의 집단의 목표를 달성하는 것이다. 그러므로 집단활동에 필요한 최소한의 규범을 설정하여 집단이 효과적으로 운영될 수 있어야 한다(ㄱ). 또한 집단 운영 중에는 개인이 집단활동을 독점하거나 집단성원의 참여 저조 등 어려움에 처하게 될 수 있는데, 사회복지사는 집단이 처한 어려움을 해결하기 위해 개입한다(ㄴ). 집단성원의 적극적 참여는 집단활동 성공에 매우 중요하므로 사회복지사는 집단성원의 성장을 돕기 위하여 집단성원 개인의 욕구가 충족될 수 있도록 대응해야 한다. 예를 들어, 자아존중감 향상 욕구가 있는 성원의 욕구충족을 위해 자아존중감 향상프로그램을 운영하는 것이다(ㄹ).

정답: ⑤

제18장
|
집단사회복지실천(3)

1. 집단지도력의 구성

1) 집단지도력의 개념 ★★

(1) 집단지도력(leadership)

의사소통을 통하여 집단목표를 달성하고자 영향을 주는 제반 힘과 과정으로 한 집단에서 타인의 행동에 영향을 미치는 것이며, 또한 이를 위해 그 집단이 추구해야 할 목표와 그 목표의 달성방법을 최종적으로 결정하고, 나아가 그 집단의 규범인 특정한 사회적 규범을 창출해내는 행동이라고 할 수 있음

(2) 집단지도자(leader) ★★★

집단의 목표를 성취하기 위해 집단에 영향을 주거나 집단을 지도하는 사람을 말하며 집단사회복지실천에서 집단지도력은 일반적으로 공식적으로 집단을 이끌도록 지도자로 위임된 사람인 사회복지사가 수행하지만, 집단이 발달하면서 집단성원들 사이에서 비공식적인 집단지도자가 발생하기도 함

2) 집단지도력의 힘(power)

① 집단성원 또는 집단 외부의 다른 사람에 의해 사회복지사에게 지도력이 있다고 지각되는 데서 생기는 힘
② 집단 안팎에서 조건을 변화시킬 수 있는 사회복지사의 자원에 관계되는 힘

2. 공동지도력 ★★★

1) 공동지도력의 개념

공동지도력은 동일 그룹에 한명 이상의 지도자를 두는 것을 말함

2) 공동지도력의 장점 ★★★

① 한 지도자는 과업목표에 치중하고 다른 한 지도자는 사회·정서적 문제에 집중하는 식으로 역할분담이 가능하기 때문에 지도자의 소진(burn-out)을 예방함
② 공동지도자가 참석해 있으므로 역전이를 어느 정도 방지할 수 있음
③ 갈등이 생겼을 때 집단성원들에게 적절한 갈등해결방법을 보여줄 모델이 될 수 있음
④ 지도자들이 지지적 자원을 얻고 환류를 얻음
⑤ 프로그램 활동, 상황재연, 역할극 등을 수행할 때 서로 원조할 수 있음
⑥ 초보 사회복지사의 불안을 줄여주고 좀 더 침착하게 참여할 수 있게 해주며, 자신의 활동에 대한 피드백을 받을 수 있게 함
⑦ 적합한 계획과 정확한 사정을 하도록 이끌어 줌
⑧ 개입 시에 문제해결을 위한 전문가가 둘이라는 장점이 있음
⑨ 구성원의 욕구를 충족시키기 위한 역할을 구조화하는 지위를 가짐

3) 공동지도력의 단점 ★★★

① 지도자 각각의 역할에 대한 토론이 부족하면 의사소통에서 문제가 발생하게 되는데, 지도자들이 제대로 기능하지 않으면 치료적 역할모델로서의 기능을 할 수 없

게 됨

② 지도자 간에 권력 다툼, 갈등이 생기며, 경쟁관계가 발생할 수 있음

③ 집단지도자가 자신들의 개인적 문제를 해결하기 위해 집단을 이용할 수 있음

④ 비용이 많이 듦

3. 집단역동성 ★★

1) 집단역동성의 개념

① 집단성원 간 혹은 집단성원과 집단지도자가 함께 만들어내는 역동적 상호작용으로 개별 집단성원뿐만 아니라 전체로서의 집단에 영향을 미치는 독특한 힘을 만들어 내는데, 집단과정에서 만들어진 이러한 힘을 집단역동성이라고 함

② 집단역동성(group dynamics)은 집단역학, 집단역동이라고 함

2) 집단역동성이 집단에 미치는 영향과 중요성

① 집단의 역동을 적절히 활용하게 되면 집단과 집단구성원 모두에게 긍정적인 영향을 미치지만 집단역동이 집단 발전에 역기능적인 영향을 미치기도 함

② 긍정적이고 결속력 있는 집단은 성원들에게 좋은 영향력을 행사할 수 있으며, 목표달성을 촉진시키고 만족스러운 관계를 만듦

③ 집단의 영향력이 무시될 경우 성급한 개인 공개 및 평가 압력과 같은 부정적 영향이 생길 수도 있음

④ 사회복지실천에서 집단을 활용하여 집단구성원을 돕게 된 것은 집단에서 발생하는 사회적 힘, 즉 집단역동성이 집단성원을 변화하도록 작용하기 때문

⑤ 집단지도 전문가인 사회복지사는 집단이 발달함에 따라 나타나는 집단역동성을 잘 이해하고 활용해야 함

4. 집단역동성의 구성요소

1) 사회적 상호작용과 의사소통

(1) 개념

① 사회적 상호작용이란 기본적인 집단과정으로 사회 속에서 이루어지는 개인들 및 집단 간에 이루어지는 모든 상호관계를 의미함

② 사회적 상호작용 속에서 일어나는 다양한 개인 간의 접촉은 태도와 행동상의 변화를 초래하게 됨

③ 사회적 상호작용의 기초는 의사소통이며, 집단성원들은 언어 또는 비언어적 상징을 통해 서로에게 반응을 보임

④ 집단성원의 의사소통은 언어와 몸짓, 손짓 등의 상호작용으로 이루어지는데, 의사소통은 주고받는 사람의 태도, 감정에 따라 달라짐

2) 집단 중심의 상호작용과 집단지도자 중심의 상호작용

(1) 집단중심의 상호작용

집단 중심의 상호작용은 성원 간에 자유롭게 상호작용이 이루어지는 것을 말하는데 집단 중심 상호작용 유형에서는 성원 간의 사회적 상호작용이 증가하고 집단 사기가 높으며 성원들의 목표 성취를 위한 노력이 증진됨

(2) 집단지도자 중심의 상호작용

집단지도자인 사회복지사에서 성원으로, 성원에서 사회복지사로 향하는 상호작용이 주로 이루어진다. 이때, 집단지도자인 사회복지사나 일부 성원들이 집단의 의사소통을 독점하므로 집단성원 간 상호 의사소통 기회는 제한됨

3) 집단응집력(결속력, cohesion)

(1) 집단응집력의 개념

① 집단응집력은 개별성원이 집단에 대해 갖는 소속감과 매력을 표현한 집단의 특성으로서 집단성원이 다른 성원에 대해 갖는 매력과 집단 전체에 대해 갖는 매력을

의미함

② 집단성원들은 집단에서 얻는 것이 많을 때, 즉 집단에 매력을 느끼고 있을 때 집단
    응집력(결속력)이 생김

③ 집단응집력이 높은 집단에서는 집단성원들이 의견 불일치가 있을 수 있으나 집단
    응집력이 낮은 집단에 비해 더 빨리 문제와 갈등을 해결하기 위해 노력함

④ 집단응집력이 높을수록 집단의 목표를 달성하는 데 효과적이며 결과도 만족스러움

(2) 집단응집력 향상을 위한 원칙

① 집단토의와 프로그램 활동을 적극적으로 활용하여 성원 간 상호작용을 촉진시킴

② 집단원이 집단과정에 적극적으로 참여하고 목표를 달성할 수 있는 유능한 존재임
    을 인식할 수 있게 함

③ 집단원의 욕구가 집단 내에서 충족된 방법들을 파악할 수 있도록 도움

④ 목표달성에 초점을 두고 목표를 달성할 수 있도록 도움

⑤ 집단원의 상이한 인식과 관점을 인정하면서 성원들이 비경쟁적인 관계를 형성하
    면서 집단응집력을 높이기 때문에 집단원들의 협력관계를 형성할 수 있도록 도움

⑥ 집단의 규모가 크면 참여도가 낮아지고 집단응집력이 약화되므로 적절한 규모의
    집단크기를 형성함

⑦ 집단원들이 기대하는 바를 명확히 하고 집단원의 기대와 집단의 목적을 일치시키
    도록 함

⑧ 집단원들이 현재 참여하고 있는 집단에 자부심을 느끼도록 도움

⑨ 사회복지사뿐만 아니라 집단원도 집단의 내용과 방향에 책임이 있다는 것을 인식
    하도록 함

4) 하위집단

① 집단성원들이 상호 간에 공통점을 발견하거나 매력이 생기면 하위집단을 형성하
    게 된다. 하위집단은 집단성원간에 공통된 관심사나 태도, 반응에 따라서 둘씩 혹
    은 서너 명으로 이루어짐

② 하위집단이 형성되는 것 자체는 자연스러운 현상이지만 하위집단이 집단의 목표

성취에 방해가 되는 배타적인 성격을 가질 때는 집단에 문제를 발생시킬 수 있음

③ 집단지도자인 사회복지사는 집단 내에 하위집단이 형성되었는지를 파악하기 위해 서 의사소통의 내용, 집단성원 간의 어울림 등을 직접 관찰하거나 소시오그램을 통해 분석할 수 있음

01) 집단을 활용한 사회복지실천의 치료적 효과 요인으로 옳지 않은 것은?

(17회 기출)

① 고유성　　　　　　② 이타성 향상　　　　　　③ 실존적 요인

④ 재경험의 기회 제공　　⑤ 희망고취

☞ 해설

집단의 치료적 효과로 보편성이 있다. 이는 즉 자신의 문제와 자신의 상황은 누구에게나 일어날 수 있는 보편적인 것임을 알게 된다. 이러한 보편성을 통해서 집단원은 위안과 안도감을 느끼게 되며, 공통 관심사에 대해 일반화하면서 다른 사람의 경험을 경청하고 가능한 해결 대안의 학습에 대한 준비에 도움을 받는다.

정답: ①

02) 집단역할(group dynamics)의 구성요소가 아닌 것은?　　　**(16회 기출)**

① 긴장과 갈등　　　　　　② 가치와 규범

③ 집단목적　　　　　　　④ 의사소통 유형

⑤ 지식 및 정보 습득

☞ 해설

집단역할(group dynamics)은 집단 역동성이라고도 한다. 이는 집단성원의 상호작용에 의해 만들어진 힘이나 특징을 의미한다. 집단 역동성의 구성요소는 가치와 규범, 지위와 역할, 집단응집력, 집단의사소통과 상호작용(정서적 유대, 하위집단 등), 집단의 크기와 물리적 환경, 집단의 발달단계, 집단지도력 등이다.

정답: ⑤

제19장
|
집단사회복지실천(4)

1. 집단역동성의 구성 요소 ★★

1) 집단문화 ★★
① 집단문화는 성원들이 공통적으로 가지고 있는 <u>가치, 신념, 관습, 전통 등을 의미함</u>
② 집단문화는 집단성원들이 동질적으로 구성되어 있을 때 빠르게 형성되며, 다양한
성원들로 구성되어 있을 때는 느리게 형성됨
③ 집단성원들이 공통의 생활경험과 가치체계 등을 공유하면 집단문화에 대한 독특
한 관점들을 통합시키는 데 시간이 덜 소요됨
④ 집단문화는 집단의 결과에 상당히 영향을 미침
⑤ 집단문화는 일반적으로 서서히 발전하는 특성이 있지만 일단 수립되고 나면 바꾸
기가 쉽지 않음

2) 집단규범 ★★
(1) 집단규범의 개념
① 주어진 환경 내에서 어떻게 행동해야 하는지에 관련되어 성원들이 공유하는 명백

한 기대 상황과 신념 등을 가리킴

② 성원들 서로에게 기대할 수 있는 것에 관련된 정보를 제공함으로써 안정과 예측의 수단을 제공하는 규제적인 메커니즘임

③ 적절하거나 허용 가능한 개인의 특정 행동을 규정하거나 또는 그 집단 내에서 받아들여지는 행동의 범위를 규정함

④ 일탈로 간주되는 행동을 감소시키거나 이전의 평온 상태로 돌아가려는 제재사항을 만들어 나감

(2) 기능적 집단규범과 역기능적 집단규범

규범은 집단의 목적을 지지할 수도 있고 그렇지 않을 수도 있는데, 성원의 행복감과 전반적인 목적에 유익한가 또는 해로운가의 여부에 따라 판단함

① 기능적 집단규범
- 자신의 개인적인 것들을 자발적으로 드러냄
- 지도자를 존경심으로 대하고 지도자의 투입을 진지하게 생각함
- 개인의 문제해결에 초점을 둠
- 성원들에게 집단 토론에 참여하게 하고 그 집단의 중심이 될 수 있는 동등한 기회를 부여함
- 자신의 문제에 적합한 어떤 주제라도 말함
- 다른 성원에게 직접적으로 전달함
- 집단목표를 이루는 데 방해가 되는 장애물에 대해 말함

② 역기능적 집단규범
- 피상적인 주제토론만 계속함
- 위험을 회피하고 자기폐쇄적임
- 기회가 있을 때마다 지도자를 괴롭히거나 비판하고 그에 대해 불평함
- 문제를 불평하는 데 시간을 보내고 그것을 해결하는 데 필요한 에너지를 쏟지 않음
- 공격적인 성원들이 그 집단을 지배하게 내버려둠
- 감정적으로 긴장되었거나 미묘한 주제에 대해 말하지 않음
- 장애물을 무시하고 집단문제에 대해 이야기하는 것을 회피함

(3) 집단규범의 정체성을 밝혀내는 사회복지사의 전략

① 사회복지사는 집단규범이 발달하는 것을 확인하고 변화를 위한 긍정적인 분위기를 만들어야 함

② 집단규범은 집단과정에 미묘하게 박혀 있으므로 집단행동을 통해서만 추론해내거나 분간하기 어려움

③ 규범에 대해 집단성원에게 설명하고 그들의 활동에 영향을 끼치는 지도규칙을 확인하도록 요청함

3) 지위와 역할 ★★★

(1) 지위와 역할의 개념

① 지위란 집단 내의 다른 사람에 비해 상대적으로 차지하고 있는 위치이며, 사회적 집단에서 다양한 특성에 의해 결정되는 개인의 위치를 의미함

② 역할이란 사회에서 특정 위치를 차지하고 있는 것이며, 자신 및 타인이 그 사람에게 기대하는 일련의 활동과의 관계를 의미함

③ 지위와 역할은 서로 복잡하게 얽혀 있으며 상호연관성을 가지고 있으며, 각각의 지위는 일련의 역할들을 구성하는 조직화된 역할관계를 가짐

(2) 집단성원의 역할과 사회복지사의 과제

① 집단성원의 역할은 그 역할을 맡고 있는 개인이나 집단에게 긍정적일수도 있지만, 부정적인 영향을 미치기도 함

② 일단 역할이 형성된 후 그 역할이 개인에게 고정화되어 특정 행동이 기대되면 그 기대들로부터 벗어나는 행동을 할 수 없게 됨. 예를 들어, 집단에서 항상 웃기는 역할을 하는 사람은 항상 웃기는 행동을 할 것으로 기대함. 그 성원이 진지해지려고 하면 다른 성원들이 이를 허용하지 않게 됨

③ 사회복지사는 집단성원이 집단 내에서 어떤 역할을 하는지 관심을 가지고 있어야 하며, 집단성원들의 역할이 정형화되지 않고 특정 역할에 고정되지 않도록 신경을 써야 함

4) 긴장과 갈등

① 집단성원들 간에는 다양한 형태의 긴장과 갈등이 형성될 수 있다. 특히 집단의 목

표를 성취하기 위해 과제를 추진하거나 상호작용을 통해 대인관계가 형성되고 자신들의 욕구충족을 위해 다른 집단성원들과 상호작용을 하는 과정에서 긴장이나 갈등이 발생할 수 있음

② 긴장과 갈등은 집단에 항상 부정적인 영향을 미치는 것은 아니며 긴장과 갈등을 적절한 방법으로 그리고 건설적인 방법으로 해결할 때 집단은 더욱 성장할 수 있음

2. 집단의 치료적 효과

1) 희망주기(희망증진) ★★★

① 집단성원들의 문제가 조금씩 해결되는 것을 보면서 클라이언트는 자신의 문제도 개선되고 해결될 수 있다는 희망을 갖게 됨. 희망 자체에 치료적 효과가 있음

② 집단에 참여함으로서 자신의 문제가 해결될 수 있으리라는 기대는 긍정적인 결과와 관련 있음

③ 집단성원들은 자기와 비슷한 문제를 겪었으며, 또한 문제가 경감되고 회복된 사람들을 만남으로써 회복에 대한 기대가 높아짐

④ 사회복지사는 집단이 본격적으로 시작되기 전, 오리엔테이션 단계에서 긍정적 기대를 강화시키고, 부정적 선입견을 줄이며, 집단의 효과를 분명하게 설명함으로써 집단성원들이 집단의 효용성에 대해 믿음과 확신을 가질 수 있도록 함

⑤ 사회복지사(치료자)는 집단성원들이 신념과 자신감을 향상시킬 수 있도록 해야 함

2) 보편성(일반화) ★★★

① 비슷한 문제를 가진 집단성원을 보면서 나 혼자만의 문제가 아니라 누구에게나 문제가 생길 수 있다는 생각을 갖게 됨

② 집단성원이 자신과 비슷한 갈등과 경험, 문제가 있다는 것을 알고 위안을 받음. 인간의 문제는 복잡하지만 공통분모를 가지고 있기 때문에 유사성을 인식하게 됨

③ 집단성원들은 서로 자신들이 비슷하다고 인식하고, 관심을 공유함으로써 이에 수반되는 감정의 정화, 다른 집단성원에 의한 절대적인 수용으로부터 도움을 받게 됨

3) 정보전달(정보 습득)

① 사회복지사의 교육 내용이나 집단성원들의 제안, 지도, 충고 등을 들으면서 자기
문제에 대해 명확하게 이해하게 됨
② 집단성원끼리의 정보교환 등도 치료와 연결됨

4) 이타주의(이타심)

① 성원들이 서로 도움을 주고받는 과정에서 자신도 누군가를 도울 수 있음을 알면서
느끼는 감정을 이타주의(이타심)라고 함
② 이타주의의 경험은 자존감을 높여주며, 타인에게 의존해왔던 자신을 보다 독립적
으로 성장시키며, 치료적인 효과를 가져옴

5) 사회기술 발달

① 사회적 학습, 기본적인 사회적 기술 등이 개발되는 것임
② 집단성원끼리 피드백을 주고받거나 역할극 등을 통해 학습됨

6) 모방행동 ★★★

① 집단성원과 집단사회복지사의 행동을 통해 새로운 행동을 학습할 수 있음
② 특히 초기단계에서는 사회복지사가 매우 중요한 역할을 함
③ 다른 사람들의 행동을 관찰하는 과정에서도 치료적 효과를 얻을 수 있음

7) 대인관계 학습

① 집단성원과의 상호작용을 통해서 자신의 대인관계에 대해 통찰력을 갖게 됨
② 집단은 성원들에게 새로운 대인관계 방식을 적용해 보거나 시험해 보는 경험을 제공함

8) 집단응집력

① 집단에 대한 소속감은 집단성원에게 긍정적인 변화를 일으키게 하며, 치료집단에
서 치료경험에 도움을 주는 매우 중요한 요소임
② 집단 내에서 발달하는 소속감이나 친밀감은 클라이언트에게 위로와 용기를 제공함

9) 감정의 정화(카타르시스) ★★

① 집단 내의 비교적인 안전한 분위기 속에서 집단성원은 그동안 <u>억압된 감정을 자유롭고 안전하게 표현할 수 있음</u>

② 집단성원들이 자신의 문제에 대한 불안, 감정, 생각, 꿈 등을 공유하여 공통의 목적을 성취해가기 때문에 자신의 문제를 보다 객관적으로 해결할 수 있음

10) 실존적 요인들

① 치료과정에서 집단성원들은 자신이 다른 사람으로부터 받을 수 있는 지도와 지지에는 한계가 있다는 것을 알게 되면서 자신의 인생에 대한 궁극적인 책임은 바로 자신에게 있다는 인식을 하게 됨

② 집단성원과 경험 공유를 통해 각 성원은 비록 다른 사람들의 지지가 매우 도움이 될지라도 자기 삶에 대한 궁극적인 책임은 자기 자신에게 있음을 점차 깨닫게 됨

③ 집단성원들은 고독, 자유, 죽음 같은 인간의 한계에 직면하는 힘을 개별적 주체자로서 스스로 키우게 됨

11) 1차 가족집단의 교정적 재현(혹은 반복)

① 집단은 부모의 역할을 하는 사람, 형제와 같은 동료, 높은 수준의 자기개방, 강한 정서적 유대, 적대감이나 경쟁심 등에서 가족과 유사한 면이 있음

② 집단은 개인 대상 접근에 비해서 가족과의 상호작용을 재현해 줄 수 있는 가능성이 많음

③ 자신의 가족 내에서 경험했던 일 중 만족스럽지 못했던 일들은 가족과 유사점을 가지고 있는 집단 내에서 상호작용을 통해 교정할 수 있음

④ 사회복지사 및 집단성원들과의 관계는 부모 및 형제들과의 상호작용을 재현하게 되며 그 과정을 통해 해결되지 않은 가족갈등에 대해 탐색하기도 하고 새롭게 교정할 수도 있음

01) 치료 집단에 관한 설명으로 옳은 것을 모두 고른 것은?(8회 기출)

> 가. 자기 표출의 정도가 높은 편이다.
>
> 나. 정서적 · 개인적 문제를 가진 성원들로 구성된다.
>
> 다. 행동 변화 및 재활을 목표로 한다.
>
> 라. 집단지도자는 권위적인 인물의 역할을 수행한다.

① 가, 나, 다

② 가, 다

③ 나, 라

④ 라

⑤ 가, 나, 다, 라

☞해설

치료 집단에는 지지집단, 교육집단, 성장 집단, 치유집단, 사회화 집단 등이 있으며 치료집단에서 사회복지사는 치료자(변화 매개자)의 역할을 수행하므로 때로는 권위적인 인물의 역할을 수행하기도 한다.

정답: ⑤

02) 병리의 치료보다 사회심리적 기능 향상에 초점을 두는 집단의 예를 모두 고른 것은?

(9회 기출)

> 가. 은퇴준비 노인 집단
> 나. 청소년을 위한 가치명료화 집단
> 다. 여성을 위한 의식 고양 집단
> 라. 부부를 위한 참만남 집단

① 가, 나, 다
② 가, 다
③ 나, 라
④ 라
⑤ 가, 나, 다, 라

☞해설

모두 사회심리적 기능 향상에 초점을 두는 집단에 해당한다. 성장 집단은 구성원들의 자기인식, 자의식을 증진시키고 개인적인 변화를 이끌어 낼 수 있는 기회를 제공하여 자아 향상에 초점을 두는 집단이다. 집단은 구성원들이 자신의 능력을 최대한 발휘하기 위한 하나의 도구라고 볼 수 있으며 집단 내 자기표출 정도는 높은 편이다.

정답: ⑤

제20장
|
집단사회복지실천(5)

1. 집단발달

1) 집단발달의 개념

① 집단은 시간의 경과에 따라 집단 내부구조가 확립되고, 문화가 형성되며 조직과 집단의 진행과정에 변화를 경험가게 된다. 이러한 집단의 변화를 집단발달이라 함

② 일반적인 발달단계를 따르지만 이전 단계로 되돌아가거나 특정 단계를 뛰어넘기도 하며, 어느 한 단계에 정체할 수도 있음

③ 집단 시작부터 종결까지 동일한 성원으로 유지되는 폐쇄집단은 비교적 집단발달 단계를 구분하고 예측할 수 있으나, 집단이 시작된 후 새로운 성원이 참여할 수 있는 개방집단은 자주 성원이 교체되기 때문에 발달단계를 예측하는 것이 어려움

2) 집단발달단계 구분의 공통점 ★★★

(1) 집단발달의 초기단계

① 집단을 계획하고 조직하며 집단성원을 모으는 단계로 집단성원들은 자신의 자율성을 유지한 채, 집단의 성원이 되려 하거나 집단 압력에 저항을 나타냄

② 초기단계가 진전되고 집단의 규범과 규칙이 차별화되면서 집단성원들은 집단 내에
　서 자신이 맡은 역할을 탐색하고 시험하는데 이러한 과정에서 갈등이 생기기도 함

(2) 집단발달의 중간단계
① 집단의 목적과 목표를 달성하기 위해 사회복지사와 집단성원 모두 집중적인 노력
　을 기울일 때, 집단성원 간의 상호작용과 관계가 발달하고 집단응집력도 높아짐
② 문제해결, 형성, 유지, 친밀감, 성숙함 등이 나타남

(3) 집단발달의 종결단계
① 그동안 집단이 해 온 노력을 정리하고 이에 대해 평가하고 정리하는 단계로 이별
　의 과정이 시작되면 집단 감정과 응집력이 약화됨
② 집단성원들은 집단이 성취한 것을 정리하고 함께 축하하는 것으로 종결하기도 하
　지만 집단이 성공적인 종결을 이루지 못한 경우에는 부정적인 감정이나 태도가 나
　타나기도 함

2. 노든(Northern)의 집단발달단계

1) 준비(혹은 계획)단계
집단에 대한 계획과 접수과정이 있는 단계

2) 오리엔테이션단계
다른 학자들에게서 접근단계, 형성단계, 시작단계, 그리고 친밀관계 등으로 표현되는
단계이다. 이때에는 일차적 접촉, 성원들이 공통점을 탐색하기 시작하고, 집단성원
간 불안과 긴장이 가장 높은 단계이며, 관계형성이 중심문제가 됨

3) 탐색과 시험단계
갈등과 긴장단계, 권력과 통제단계 등으로 표현되는데 이때에는 관계의 상호작용, 가

능성 탐색, 타협과 갈등, 목적이 분명해지고, 목표지향적 활동이 두드러짐

4) 문제해결단계

성원들이 상호의존적이 되어서 집단응집력이 발생하고 문제 해결을 위한 매개체로서 집단을 이용하는 단계이다. 소속감, 상호의존성과 같은 집단응집력과 목적에 대해 일치성이 높고 목표달성을 위해 성원 간 협동능력이 극대화됨

5) 종료단계

집단의 종료는 여러 가지 이유로 일어나는데, 계획된 기간이 지남으로써 종료되기도 하고 목표달성이 되어 종료되기도 한다. 이때에는 집단에 대한 의존성을 줄이고 분리에 대한 정서를 다루는 것이 중요함

3. 집단발달단계별 실천

1) 준비단계 ★★★

(1) 준비단계(계획단계)의 개념

이 단계에서는 집단이 형성되기 이전에 사회복지사가 집단에 대해 계획하고 구성하는 단계이다. 고려내용으로는 집단의 목적, 잠재적 성원의 모집과 사정, 집단의 구성, 집단의 지속기간과 회합 빈도, 물리적 환경, 기관의 승인에 관한 것이 있음

(2) 준비단계의 과업 ★★★

① 집단의 목적 설정

집단은 집단과 집단성원들에게 방향과 지침을 제공하며 집단성원들이 비생산적인 경험을 하거나 좌절을 느끼지 않도록 도와주는 역할을 한다. 집단의 목적에 대한 설정은 집단지도자와 집단성원들의 토론을 통해서 타협 및 수정될 수 있음

② 잠재적 성원 모집과 사정(집단성원 선별)

– 집단구성원을 모집하기 전에 집단의 목적과 목표에 적합하고 집단성원이 될 수

있는 잠재적인 성원들을 확인하고 정보를 수집한다. 잠재적 성원에 접근하기 위
해서 모집 계획을 세워야 함

- 사회복지사는 집단성원이 직면한 과제나 관심사 공유여부를 사정하고 현실검증
  능력, 의사소통 능력, 인식능력, 타인과의 감정 공유 등 구성원의 사회정서적 능
  력을 사정해야 함
- 모집방법: 직접적인 접촉, 안내문 게시, 인쇄물 배포, TV나 라디오 방송, 신문,
  인터넷, 가정방문, 지역신문, 기관 소식지 등
- 집단성원 선별(사정, 스크리닝): 사회복지사는 면접, 관찰 등을 통해서 잠재적 성
  원에 대한 구체적인 정보를 수집하고 집단의 목적과 연결시켜서 집단성원으로
  적합한지 결정해야 함
- 집단성원으로 적합하지 않은 사람: 극도의 위기상태에 있는 사람, 자살가능성이
  있는 사람, 타인을 지배하려는 욕구를 가진 사람, 자아가 약한 사람, 의심이 매우
  많은 사람, 적대적이고 공격적인 사람, 매우 자기중심적인 사람 등

③ 집단의 지속기간과 회합빈도 정하기
- 집단의 종결일시는 정해질 수도 있고 정해지지 않을 수도 있음
- 집단의 존속기간은 집단의 유형이나 목적, 성원에 따라 달라짐
- 집단의 목적이 달성될 수 있을 만큼 길어야 하지만 너무 길어지는 것은 좋지 않음
- 일반적으로 집단사회복지실천에서 성인대상집단은 주 1회 1시간 30분에서 2시
  간 정도의 모임을 가짐
- 모임 시간이 너무 길면 지루하고 집중력이 떨어지며, 너무 짧으면 의미 있는 상
  호작용이 이루어지기 어려우므로 집단의 상황과 진행과정에 따라 융통성 있게
  적용함
- 모임의 성격이나 대상의 특성을 고려하여 적절하게 잡아야 함
- 청소년집단은 성인보다 짧게 60분에서 90분 정도로 함

(3) 집단구성하기
① 동질성과 이질성
- 성원의 인성적 특징이나 목표가 유사하면 의사소통이 촉진될 수 있고, 성원들이

서로의 관심과 문제 및 과업을 규명할 수 있게 됨

- 대부분의 집단에서 성원들의 대처기술, 인생경험, 전문성의 수준은 다양한데 이러한 이질성으로 인해 성원들은 선택과 대안에 대한 열린 시간을 갖게 되고 서로를 통해 배울 수 있게 됨
- 너무 동질적이거나 너무 이질적인 것은 좋지 않으며, 균형을 이루어야 함

② 개방집단과 폐쇄집단
- 개방집단은 집단이 진행되는 중간에 새로운 성원이 들어올 수 있는 집단이고, 폐쇄집단은 처음에 구성된 성원 이외에 새로운 성원이 들어올 수 없는 집단
- 개방집단과 폐쇄집단 여부의 선택은 집단의 목적에 따라 달라질 수 있음

- **개방집단이 적합한 경우**
  - 거주시설, 병원 등에서 운영되는 치료집단: 집단성원이 치료를 마치고 퇴원을 하여 집단에 여석이 생길 경우 새로운 성원이 집단에 합류하므로 개방집단으로 운영됨
  - A.A.모임(자조집단): 알코올중독으로부터 회복 중인 클라이언트들은 지역사회 내에 있는 공개 A.A.모임에 자유롭게 참여할 수 있음
  - 위기상황: 위기상황에 처해 있는 사람들은 새로운 집단이 형성될 때까지 기다릴 필요 없이 언제든지 개방집단에 참여할 수 있음
- **폐쇄집단이 적합할 경우**
  - 교육집단: 동일한 집단성원들로 시작하고 종결하여 집단성원들의 성과를 강화할 필요가 있는 집단
  - 10대 미혼모집단: 미리 정해진 내용의 양육기술을 교육하고 훈련시키는 것을 목적으로 하는 집단
  - 심리치료집단: 성원들의 정신역동적 분석과 이해를 통해 현재의 상황을 이해할 목적으로 구성된 집단

③ 집단의 크기
- 집단의 크기는 집단성원의 수를 의미하는데, 구성원의 만족도와 구성원 간의 상

호작용, 집단개입의 결과에 영향을 미친다. 최소한 집단의 목적을 달성하고, 최대한 구성원 상호간에 만족스러운 경험을 할 수 있도록 집단을 구성해야 함

– 치료집단의 경우는 집단성원이 5~7명 정도로 구성되는 것이 적절하다고 보지만 5~12명을 선호하기도 한다. 정해진 것은 없으며 집단에 따라 다름

④ 인구사회학적 특성과 다양성

집단성원을 선발할 때에는 연령, 성별, 사회?문화적 요소 등 인구사회학적 특성을 고려해야 함

01) 집단을 구성할 때 고려할 내용으로 옳지 않은 것은?　　　　　　　(14회 기출)

① 집단의 응집력을 높이기 위해 참여동기가 유사한 성원을 모집한다.

② 다양한 집단성원의 참여를 유도하기 위해 폐쇄형 집단으로 구성한다.

③ 집단성월의 동질성을 높이기 위해 사전에 욕구 수준을 파악한다.

④ 집단의 목표에 따라 집단의 크기를 융통성 있게 정한다.

⑤ 집단의 정서적 안정감을 높이기 위해 쾌적한 장소를 선정한다.

☞ 해설

폐쇄형 집단은 처음에 집단이 구성된 이후 새로운 성원이 중간에 들어올 수 없는 집단이다. 다양한 집단성원의 참여를 유도하기 위해서는 집단 개시 이후에도 새로운 성원이 들어올 수 있는 개방형 집단으로 구성해야 한다.

정답: ②

02) 집단 사회복지실천에 관한 설명으로 옳지 않은 것은? (16회 기출)

① 집단이 개방적일 경우, 발달단계를 예측하는 것이 용이하다.

② 하위집단의 발생은 필연적이기 때문에 전체집단에 부정적 영향을 주는지 파악하는 것이 필요하다.

③ 집단 규범은 집단 내부를 통제하기 때문에 외적 통제의 수준을 감소시킨다.

④ 집단 내 공동지도자의 참여는 집단지도자의 역전이를 막을 수 있다.

⑤ 자기애적 성향을 가진 성원의 경우 집단에 적절한 행동과 사고를 할 수 있도록 돕는다.

☞ 해설

시작부터 종결까지 동일한 성원으로 유지되는 폐쇄집단은 집단발달의 내용을 비교적 예측할 수 있으나 새로운 성원이 지속적으로 유입되는 개방집단은 성원들이 자주 교체되기 때문에 집단발달의 내용을 예측하기가 어렵다.

정답: ①

제21장
|
집단사회복지실천(6)

1. 초기단계 ★★★

집단성원이 처음 집단에 모이면 낯설고 어색한 분위기를 경험함. 사회복지사는 집단성원을 대상으로 오리엔테이션을 실시하여 앞으로 진행될 집단에 대한 정보를 제공함. 오리엔테이션은 일반적으로 <u>첫 번째 모임</u>에서 실시함

① 사회복지사 소개

② 집단성원 소개

③ 집단목적 소개

④ 집단성원 역할 소개

⑤ 개별성원 목표 설정하기

⑥ 집단규칙 설정하기(비밀보장의 한계 등)

⑦ 집단 참여에 대한 동기부여와 능력 격려하기

⑧ 신뢰감 조성하기: 불안과 저항다루기

⑨ 계약하기: 상호 간의 기대와 의무, 책임을 명백히 하는 것이 필요함

⑩ 집단운영: 프로그램 활동

2. 사정단계 ★★

1) 사정(assessment)의 개념
① 사정은 원조과정에서 절차와 결과(산물)라는 두 가지 측면을 포함하는데 과정으로
　서의 사정은 정보를 수집하고 조직화하며 판단하는 것을 말하며, 결과로서의 사정
　은 집단과 성원의 기능에 대해 언어 또는 문서로 진술하는 것임
② 집단은 계속 변하므로 사정은 집단발달에 따라 지속적으로 이루어져야 하며, 사회
　복지사는 개별성원과 전체로서의 집단 양자에 초점을 맞추어 사정해야 함

2) 개별성원에 대한 사정
① 개별성원에 대한 사정에서 사회복지사는 집단성원 개개인을 관찰하면서 개별성원
　에게서 나타나는 반복적인 행동과 그 행동과 관련되어 있는 인식에 초점을 맞춘
　다. 각 성원이 다른 성원들과 상호작용하는 방식을 관찰하거나 집단에서의 역할이
　무엇인지 확인함으로써 개별성원에 대한 사정을 할 수 있음
② 개별성원을 사정할 때 개별성원의 장점뿐만 아니라 단점도 사정되어야 하며 사
　정 내용은 개별성원별로 각각 기록해두어 시기별로 변화의 양상을 파악하는 것
　이 좋음

3) 전체 집단에 대한 사정: 집단행동양식, 하위집단, 집단규범 등 사정
(1) 집단행동양식에 대한 사정
집단 전체의 상호작용이 성원들 간에 지지적인가, 집단은 목표달성을 향해 건설적인
방향으로 진행되고 있는가, 집단 내 권력이나 자원은 특정 성원이 독점하는가 아니면
집단성원들이 공유하는가, 집단 내 의사결정은 민주주의적인 방식으로 이루어지는가
등을 사정함

(2) 하위집단 사정
사회복지사는 집단 내부에 하위집단이 형성되어 있는지 집단사정도구인 소시오그램
을 통해 집단성원 간의 수용 및 거부를 알아낼 수 있고, 시기를 달리하여 여러 번 소

시오그램을 작성해보면, 집단의 특징적 상호작용과 집단 내의 소외자, 결탁 혹은 경쟁관계 등을 발견할 수 있음

(3) 집단의 규범 확인

① 집단규범은 집단에서 수용되는 행동과 수용될 수 없는 행동을 규정하며, 성원의 집단활동에 대한 만족도에 영향을 미치게 되는데, 이때 사회복지사는 집단의 규범을 확인하고 그 규범들이 개별성원과 집단 전체에 도움이 되는지 또는 해가 되는지를 판단해야 함
② 일단 정해진 집단규범은 집단성원의 상황에 대한 반응이나 집단이 제공하는 치료적인 경험의 정도에 영향을 미침

4) 집단발달단계별 사정의 특징

사정은 특정 단계에서만 이루어지는 것이 아니라 연속적으로 이루어짐

① 초기: 집단 및 성원의 기능 수행에 대한 체계적 사정이 이루어짐
② 중기: 초기사정 내용에 대한 타당성을 검토하여 그 성공 여부에 기반하여 개입계획 수정이 이루어짐
③ 말기: 집단 및 성원의 기능 달성 정도를 사정, 추가적인 개입이 필요한 영역에 주목해야 함

5) 집단사정의 방법

① 성원의 자기 관찰: 자기모니터, 도표, 기록지나 일지
② 사회복지사의 관찰
   - 자연스럽고 일상적인 상황 관찰
   - 역할극, 소시오드라마, 사이코드라마
   - 모의검증(simulation test): 특수한 역할극을 수행하는 상황에서 성원의 기능을 사정하는 방법으로, 성원들에게 실제 상황을 가상하여 실생활과 같은 역할을 하게 함으로써 그 성원의 기능을 사정하는 방법
③ 외부전문가의 보고: 집단 외부의 사람들에 의한 보고서나 정보를 활용하는 방법

④ 사정도구: 우울증 진단 척도, 자존감 척도, 부모-자녀관계 측정 척도, 스트레스 척
　도 등 표준화된 척도, 소시오그램, 의미차별척도 등

6) 소시오그램(사회도, sociogram) ★★★

(1) 개념과 특징

① 모레노와 제닝스(Moreno & Jennings)가 개발한 것으로 상징을 사용해서 집단 내
　성원 간 상호작용을 표현한 그림
② 집단성원 간의 개인적 수용과 거부, 집단 내의 대인관계를 평가하기 위한 사정도구
③ 집단 내 대인관계에서 끌리는 정도, 집단성원들 간의 사회적 유대관계를 측정
④ 집단성원 간 선호도와 무관심, 배척하는 정도와 유형을 파악할 수 있으며 하위집
　단 형성 여부를 알 수 있음
⑤ 집단 내에서 성원들 간의 질적인 관계를 파악하기 위한 도구로 집단성원들의 수
　용-거부 과정을 평가하는 방법으로 사용됨
⑥ 다양한 시점에서 작성된 집단의 소시오그램을 비교해보면 집단성원들 간의 안정
　성과 변화를 살펴볼 수 있음

(2) 소시오그램을 통해서 알 수 있는 정보

① 집단성원의 성별, 성원 간의 친화력과 반감의 유형과 방향(일방적인지 쌍방향인지)
② 하위집단 형성 여부, 소외된 성원 여부, 삼각관계 형성 여부 등
③ 결속의 강도(친밀한 성원끼리는 가깝게, 소원한 성원은 멀게 그림)

7) 의미차별척도 ★★★

① 의미차별척도(semantic differential scale)는 의미분화척도라고도 함
② 두 개의 상반된 입장 중에서 하나를 선택하도록 요청하는 척도인데 5개 혹은 7개
　의 응답범주를 가지고 있음
③ 동료성원에 대한 평가, 동료성원의 잠재력에 대한 인식, 성원의 활동력에 대한 인
　식 등 집단성원이 동료 집단성원을 사정하는 데 활용될 수 있음

8) 집단 환경의 사정

① 기관사정: 기관이 집단의 목적에 미치는 영향, 집단에 배분된 자원, 기관 내에서 사회복지사의 지위를 사정함

② 기관 간의 환경사정: 비슷한 목적을 가진 집단이 다른 기관에서 운영되고 있는지, 다른 기관에서도 집단활동에 대한 욕구가 있는지, 다른 기관의 집단활동에서 사용하는 프로그램 중에서 자신의 집단에 유용한 프로그램이 있는지, 타 기관과 협력함으로써 얻을 수 있는 이점은 무엇인지 등을 사정함

③ 지역사회 환경사정: 집단의 관심이나 문제에 관계된 지역사회의 태도에 대해 사정함

3. 중간단계 ★★

1) 중간단계의 과업

① 집단모임(회합)을 준비하기

② 집단을 구조화하기

③ 성원의 참여 유도와 능력 고취

④ 성원들의 목표달성 원조

⑤ 저항하는 집단성원 독려하기

⑥ 집단진행과정의 점검과 평가(모니터링)

4. 종결단계 ★★

1) 종결단계의 특징

① 종결단계란 집단과정에서 일어난 일들이 통합되는 단계로 목표가 달성되었을 때 종결되는 것이 이상적이지만 집단성원이 중도 탈락하거나 집단이나 성원의 목적을 달성하지 못한 채 종결되기도 함

② 종결된 이후에도 집단과정을 통해 획득한 변화나 기술, 기법 등이 유지될 수 있도록 계획을 수립해야 함

2) 종결단계의 과제 ★★
① 성취된 변화를 유지하고 일반화하기
② 개별성원의 독립적 기능을 촉진하고 집단에 대한 의존성을 감소시키기
③ 종결에 대한 감정을 다루기
④ 미래에 대한 계획세우기
⑤ 의뢰하기
⑥ 평가하기

평가종류 ★★

① 과정평가: 집단 진행에 대한 평가로서 클라이언트가 원조과정을 어떻게 인지했는가와 관련이 있다.

② 결과평가: 집단이 시작되기 전에 세웠던 목표가 성취된 정도를 평가하는 것이다. 목표달성을 측정하는 방법으로는 단일사례설계, 과업성취척도, 만족도 조사 등이 사용된다.

③ 총괄평가: 일련의 목적 지향의 활동이 종결되었을 때, 그 활동이나 그 활동의 결과로서 산출된 성과에 대한 종합적인 가치판단을 말한다. 사회복지실천에서 개입(프로그램)이 종결되었을 때 그 효과를 분석하는 것이다.

④ 형성평가: 일련의 목적 지향의 활동을 진행하는 과정에서 부분적으로 수정, 개선, 보완하는 데 필요한 정보를 얻기 위하여 실시하는 평가활동을 말한다. 원조과정 동안 실시되는 사정과 관련된다. 사회복지사가 과정을 검토하고 필요한 경우에 개입계획을 수정할 수 있도록 하는 것이다. 이러한 의미에서 형성평가는 실천과정의 점검이라고 할 수 있다.

---

01) 다음의 집단 사회복지사의 활동이 주로 나타나는 단계는?　　　(16회 기출)

> • 집단성원의 불안감, 저항감을 감소시키기 위해 노력
> • 집단성원 간 공통점을 찾아 연결시킴
> • 집단의 목적을 집단 구성 모두가 공유하게 함

① 준비단계　　　　　② 초기단계　　　　　③ 중간단계
④ 종결단계　　　　　⑤ 사후관리 단계

☞ 해설

집단 사회복지실천에서 초기단계는 집단이 시작되어 집단성원들이 서로를 탐색하는 단계이다. 성원들의 불안수준이 높다. 따라서 사회복지사는 집단성원의 불안감을 감소시키기 위해 노력해야 하며, 집단성원 간 공통점을 찾아 연결시킴으로써 집단 참여의 동기를 높이고 집단에 대한 소속감을 높인다.

정답: ②

02) 집단사정을 위한 활동으로 옳지 않은 것은?　　　(16회 기출)

① 개별성원에 대해서는 기능적 행동과 비기능적 행동을 파악하여 개인별 프로파일을 작성
② 소시오그램을 활용하여 집단성원 간 결탁, 수용, 거부 등을 파악
③ 의미차별척도(semantic differential scale)를 활용하여 집단의 전반적 상호작용 양상을 평가
④ 상호작용차트를 활용하여 일정 시간 동안 집단성원 간 발생한 특정 행동의 빈도를 측정
⑤ 집단에서 허용되지 않는 감정표현이나 이야기 주제, 그리고 집단활동에 대한 성원의 태도 등을 통해 집단 규범을 확인

☞ 해설

의미차별척도(semantic differential scale)는 의미분화척도라고도 하는데 태도척도의 한 유형이다. 어떤 대상(혹은 사람)이 개인에게 주는 주관적인 의미를 측정하는 방법인데, 두 개의 상반된 입장 중에서 하나를 선택하게 한다. 응답자들은 좋다-나쁘다, 강하다-약하다, 능동적이다-수동적이다, 빠르다-느리다와 같은 상반된 입장을 5점 혹은 7점의 척도로 평가하게 된다. 사회복지실천에서 집단사정도구로도 활용되는데, 동료성원에 대한 인식 등 집단성원이 동료집단 성원을 사정하는 데 활용될 수 있다. 집단의 전반적 상호작용 양상을 평가하기에는 적절하지 않다.

정답: ③

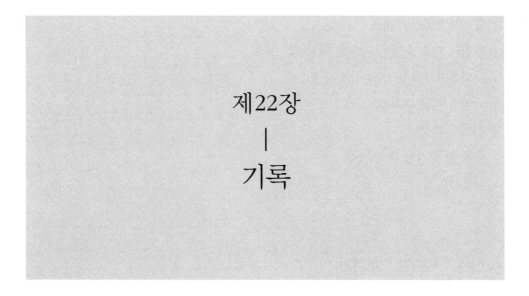

제22장
|
기록

1. 기록의 목적 및 용도 ★★

① 책임성
② 정보 제공
③ 개입이나 서비스의 감정 점검 및 평가
④ 클라이언트에 대한 이해 증진
⑤ 지도 · 감독 및 교육 활성화
⑥ 근거자료
⑦ 효과적인 사례관리
⑧ 타 전문직과의 의사소통
⑨ 사회복지실천활동이 이루어지는 모든 내용을 자료로 남김

2. 기록에 포함되는 기본적인 내용

① 클라이언트에 대한 기본적인 정보: 나이, 연령, 성별, 직업, 교육수준 등

② 클라이언트의 사회력

③ 개입의 필요성 및 서비스를 제공하는 이유

④ 사회복지사의 면접 및 사정 내용

⑤ 서비스 제공 목적 및 계획

⑥ 서비스 과정

⑦ 종결 및 평가에 대한 내용

⑧ 사후관리 등

3. 사회력(social history)

1) 사회력의 개념(=사회적 사정보고서) ★★
사회력은 클라이언트의 문제나 욕구를 역사적이고 생태학적인 맥락, 강점에 기반해서 이해하기 위해 사용되는 기록으로 클라이언트의 상황을 이해하는 데 필요한 개인적, 대인적, 사회적 환경에 대한 정보를 중심으로 간략하게 작성할 수도 있고, 광범위한 역사적 선행사건, 반복되는 주제, 장기적 유형까지 찾으려고 시도함

2) 사회력에 포함되는 주요 내용
① 클라이언트에 대한 기본적인 정보: 인지적 · 신체적 · 정서적 · 심리적 · 의료적 상태 등
② 가족에 대한 정보: 원가족, 현재 가족, 가족관계, 결혼상태, 가족의 역동성 등
③ 클라이언트의 사회적 상황: 직업상태, 교육적 배경, 학력, 지적 기능, 종교 등
④ 강점이나 자원 및 제약, 대처방식, 문제해결 능력 등
⑤ 전문적인 서비스의 경험이나 내용, 최근 서비스 이용 현황 등
⑥ 지역사회에 대한 정보: 물리적 환경, 문화 등

3) 사회력 작성의 중요성
① 문제 원인과 해결에 필요한 자원을 찾음

② 클라이언트의 욕구와 결핍 내용뿐 아니라 강점과 대처능력을 알 수 있음

③ 클라이언트에게 가장 적합한 서비스나 프로그램을 결정하는 데 도움이 됨

④ 클라이언트, 가족, 중요한 타인들에게 '이야기할' 기회를 주어서 각자의 경험을 재검토하고 공유할 수 있도록 함

⑤ 다른 서비스제공자에게 사회복지실천 관점을 알려줌

⑥ 서비스 전달과 관련이 있는 결정사항과 활동의 근거를 문서화함

4) 사회력 작성방법

① 클라이언트의 경험만 기술하는 것이 아니라 사회복지사의 전문적 지식과 경험을 토대로 클라이언트와 문제 상황에 대해서 중요하다고 판단되는 특정 요소에 관심을 기울임

② 초기에 작성되면 새로운 정보를 알 때마다 기록 내용을 추가함

③ 이야기체로 서술할 수도 있고, 기관의 구조화된 양식에 맞춰서 작성하기도 함

④ 사회력 작성을 위한 정보 출처: 클라이언트, 클라이언트 가족이나 중요한 사람, 기관의 기록, 시험이나 검사 기록, 사회복지사의 관찰 등

4. 과정기록(process recording) ★★★

1) 과정기록의 특징 ★★★

① 사회복지사와 클라이언트가 면담하면서 있었던 일을 그대로 사회복지사가 기록한 방식임

② 기록에는 클라이언트의 행동, 사회복지사가 관찰한 내용과 판단 등으로 의사소통의 내용이나 비언어적 표현까지도 기록함

③ 면담 내용이나 상황을 구체적으로 분석하기 위해서 면담 내용, 사회복지사 의견, 슈퍼바이저 코멘트 부분으로 나누어 기록하기도 함

④ 최근에는 많이 사용하지 않으며, 교육적 목적 등을 위해 부분적으로 활용함

⑤ 대화체를 그대로 기록하는 직접인용 과정기록과 대화를 풀어서 이야기체로 기록

하는 간접인용 과정기록이 있음

2) 과정기록의 장점 ★★★

① 사회복지교육 또는 슈퍼비전이나 교육적 도구로 매우 유용하게 사용됨

② 클라이언트와의 교류를 준비하고 상기하며 기록하고 분석함으로써, 또한 과정기록에 대한 지도감독자의 비평에 반응함으로써 클라이언트와의 상호작용에 대한 이해를 높일 수 있음

③ 어려운 사례를 다루거나 새로운 기술 등을 개발할 때 유용함

3) 과정기록의 단점 ★★★

① 서비스의 상호교류에서 실제로 일어났던 일에 대해 완벽하게 기록하는 것은 불가능하므로 정보가 불완전하며 왜곡될 수 있다. 이를 보완하기 위해서 녹음이나 비디오 녹화 등을 함

② 작성하는 데 시간과 비용이 너무 많이 소요되어 비효율적이어서 일반적으로 많이 사용되지 않으며 기록의 목적이나 사례 등에 따라 선택적으로 사용됨

③ 면담이나 서비스 제공 등에 대해 사회복지사가 기억하는 능력에 따라 기록의 유용성이 좌우된다. 사회복지사가 많이, 정확하게 기억하면 좋은 기록이 되지만 반대의 경우 유용성이 떨어짐

5. 요약기록(summary recording) ★★

1) 요약기록의 특징

① 사회복지기관에서 흔히 사용되는 기록형태

② 기록의 내용은 기관에 따라서 달라지지만 일반적으로 개시일, 사회력, 행동계획, 시간의 경과에 따라 변화된 상황, 개입활동, 중요한 정보 등이 포함되며 요약하여 기록

③ 시간의 경과에 따라 일정한 간격을 정하여 기록하거나 특정 행동이나 사실 등의

기록이필요할 때 작성하거나, 주제별로 조직화해서 기록함

④ 세부적인 면담 내용을 제외하고 사회복지사가 제공한 것보다 클라이언트에게 일어난 변화에 주로 초점

⑤ 일시와 클라이언트에 대한 간단한 내용을 적은 후 서비스나 개입내용, 클라이언트의 변화에 대해 짧게 요약

2) 요약기록의 장점

① 사례가 장기간 지속될 경우 유용하며, 매일매일 면담 내용을 적어두는 사례노트를 활용하여 시간에 따른 변화나 과정을 기록해두면 좋음

② 전체 서비스 과정을 고려하면서 쉽고 짧게 사용할 수 있음

③ 면담의 모든 과정을 기록하는 것이 아니라 사회복지사가 중요하다고 판단한 것을 선택하여 기록할 수 있는 융통성이 있음

3) 요약기록의 단점

① 클라이언트의 언어적 표현이나 비언어적 표현 등이 사실적으로 전달되지 않을 수 있음

② 클라이언트나 사회복지사의 생각이나 느낌이 잘 드러나지 않을 수 있음

③ 선택적으로 기록하기 때문에 면담내용이 지나치게 단순화되어 초점이 불분명

6. 문제중심(문제지향적) 기록 ★★★

1) 문제중심기록의 특징

① 의료분야와 같은 다학문적 접근을 하는 영역에서 많이 사용되는 기록형태이지만 사회복지기관에서도 사용됨

② 단순한 기록의 차원을 넘어 문제해결 접근방법을 반영함

③ 문제를 목록화함. 문제목록은 사례의 진행과정 초기에 확인된 문제를 나열하고 사례를 진행하면서 다른 문제들이 표면화될 때마다 새로운 문제가 추가됨. 각 문제

에 체계적인 번호를 매겨 클라이언트의 문제유형을 쉽게 파악할 수 있도록 함

④ 문제목록은 사례계획과 개입의 초점을 제공하는 역할을 하며 개입의 책무성을 나타내는 문서의 기능을 함

⑤ 개입의 초점을 명확히 하며 효율성을 향상시킴

⑥ 문제중심기록은 흔히 SOAP의 형식을 사용함

2) 문제중심기록의 구성

① 기초 정보(데이터베이스 구축)

② 문제목록 작성

③ 계획과 목표 설정

④ 진행 및 결과 기록

3) SOAP기록 방법 ★★★

① S(Subjective Information, 주관적 정보): 클라이언트나 가족으로부터 얻는 주관적 정보, 기본적인 자료, 클라이언트가 느끼는 자신의 상황에 대한 인식과 감정 등

② O(Objective Information, 객관적 정보): 검사와 관찰로부터 얻은 객관적 정보, 전문가의 관찰, 검사 결과, 체계적 정보 등

③ A(Assessment, 사정): 주관적 정보와 객관적 정보를 검토해서 추론된 전문가의 해석이나 결론

④ P(Plans, 계획): 문제를 해결하기 위한 방법이나 계획

4) 문제중심기록의 장점 ★★

① 다양한 분야의 전문가들이 함께 일하는 현장에서 의사소통을 수월하게 하며, 타 분야 간 협조를 원활하게 함

② 전문직간 책무성이 증가됨

③ 특정한 문제에 초점을 두므로 적절하지 않은 정보는 기재하지 않게 되어 기록이 간결함

④ 미해결 문제에 대해서는 대안적인 계획이나 다른 기관에 의뢰하는 것에 대해 윤곽

을 그릴 수 있음

5) 문제기록의 단점 ★★

① 클라이언트의 강점보다는 문제를 강조하고, 개인과 환경의 상호작용보다는 개인
  에게 초점을 둠으로써 생태체계적 관점이나 강점관점과 잘 맞지 않음
② 문제의 사정이 부분적으로 이루어지고, 지나치게 단순화하며, 클라이언트의 능력
  과 자원을 덜 중요시하는 경향이 있음
③ 심리사회적 관심보다는 생의학적인 관심에 초점을 맞춤

7. 녹음 및 녹화기록 ★★

1) 녹음 및 녹화기록의 특징

① 음성녹음과 화면녹화를 이용하여 면접과정을 관찰하고 재조사하며 분석하는 것
② 면담이나 개입장면의 전체를 기록하는 것이므로 직접 필기하는 것보다 효과적
③ 기록 보관의 보충적인 역할로 사용

2) 녹음 및 녹화기록의 장점

① 교육용으로 유용
② 가족치료 및 실천에 대한 과정지향적인 접근법을 지도 · 감독할 때 유용

3) 녹음 및 녹화기록의 단점 및 주의할 점 ★★

① 클라이언트가 녹화나 녹음을 지나치게 의식하여 집중력이 떨어지거나 평소처럼
  자연스럽지 않고 어색할 수 있음
② 녹음이나 녹화 시 클라이언트에게 사전에 알리고 반드시 동의를 구해야 함

01) 사회복지실천에서 기록의 목적으로 옳지 않은 것은? (14회 기출)

① 학제 간의 원활한 의사소통

② 클라이언트와 목표 및 개입방법 공유

③ 서비스의 연속성 유지

④ 클라이언트의 전문적 활동 입증

⑤ 슈퍼비전의 도구로 활용

☞ 해설

사회복지실천 활동을 기록하는 목적은 다양한데 그 중 하나는 사회복지사의 전문적 활동을 입증하는 것이다. 전문적 활동을 하는 사람은 클라이언트가 아니라 사회복지사이다.

정답: ④

02) 사회복지실천 기록의 목적에 해당하는 것을 모두 고른 것은? (16회 기출)

ㄱ. 개인적 보관 및 활용

ㄴ. 지도감독 및 교육 활성화

ㄷ. 책임성의 확보

ㄹ. 정보제공

ㅁ. 클라이언트에 대한 이해 증진

① ㄴ, ㄹ　　　　　　　② ㄱ, ㄷ, ㅁ

③ ㄱ, ㄴ, ㄷ, ㄹ　　　④ ㄴ, ㄷ, ㄹ, ㅁ

⑤ ㄱ, ㄴ, ㄷ, ㄹ, ㅁ

☞ 해설: 기록의 목적과 용도

- 사회복지실천 활동 문서화
- 클라이언트 욕구 파악 및 개입에 필요한 자료(=서비스 수급자격 증명)
- 서비스 결정과 행동의 합리적 근거 제공
- 사회복지사와 기관의 기준 준수 증명자료
- 서비스 과정과 결과 모니터링
- 서비스 비용 청구 및 재원 확보의 근거
- 사례의 연속성 유지
- 클라이언트와 정보 공유
- 전문가간 원활한 의사소통 및 협조체계
- 행정적 지도감독 지원(=슈퍼비전 활성화)
- 실천자의 전문적 자발적 지원(=교육적 도구로 활용)
- 행정과 조사연구의 자료
- 전문가의 견해를 포함하면서도 클라이언트의 관점을 배제하지 않았음

정답: ④

제23장
|
사회복지실천 평가, 평가기법

1. 사회복지실천 평가의 개념

사회복지실천 평가란 사회복지사의 개입 노력을 사정하는 것인데 이는 사회복지실천의 효과성을 평가하는 것으로서 개인이나 가족, 집단, 지역사회를 대상으로 실시한 개입이 변화를 일으켰는지, 어느 정도의 변화가 생겼는지를 사정하는 것

2. 사회복지실천 평가 이유 ★★

① 개별 클라이언트에 대한 특정 개입의 효과성에 관한 정보를 통하여 클라이언트 최대한 도움이 되기 위해 평가를 실시
② 기관, 클라이언트, 전문가 그리고 지역사회에 대한 책무성을 향상시키기 위해 실시

3. 평가의 유형

1) 결과평가(outcome evaluation)

① 결과평가는 설정했던 목표들이 얼마나 달성되었는가를 평가하는 것으로서 개입과정을 통해서 원하던 변화가 일어났는지를 평가

② 클라이언트의 변화는 개입 외에도 다른 여러 가지 요인에 의해 영향을 받을 수 있기 때문에 결과가 개입으로 인해 일어났다는 것을 증명

③ 결과평가를 하는 방법은 크게 개입 전후를 비교하는 단일집단 사전–사후 비교방법과 개입을 한 실험집단과 개입을 하지 않은 통제집단을 비교하는 방법

- **• 단일집단 사전–사후 비교방법**
  - 사정 · 사후비교방법은 사회복지실천의 효과성을 평가하는 데 많이 사용하는 방법
  - 평가하고자 하는 문제와 측정도구를 명확히 정하고 개입하기 전 문제가 어느 정도인지를 측정하고 개입 이후 다시 같은 방법으로 문제수준을 측정하여 그 변화를 개입의 효과로 보는 것임
  - 내적 타당도가 낮기 때문에 결과를 신뢰하기 어려움
- **• 통제집단 실험집단 비교 방법**
  - 개입을 한 실험집단과 개입을 하지 않은 통제집단을 비교하여 그 차이로 개입의 효과를 추정하는 것 이 방법은 사전–사후비교방법에 비해 많이 사용되지 않는데 사회복지실천분야에서는 윤리적 문제를 일으킬 수 있기 때문
  - 두 집단 간의 차이를 개입의 결과로 보려면 두 집단 간에 다른 요인이 영향을 미치지 말아야 하는데 실제로 그러한 효과를 통제하기 어려움

2) 과정평가(process evaluation) ★★

① 과정평가는 <u>사회복지실천 과정을 평가하기 위한 것으로서 결과평가에서 간과되기 쉬운 프로그램의 준비, 진행, 종결과정에서 환경적인 요인과의 관련성을 개입과정에 따라 분석하는 것</u>

② 클라이언트가 개입과정을 어떻게 지각하는가를 평가할 수 있는데 실천, 즉 개입과정이 자신에게 도움이 되었다고 느끼는지 아니면 부정적 영향을 미쳤다고 생각하는지를 알 수 있음

③ 과정평가의 결과는 결과평가의 결과와 차이가 있을 수 있다. 개입의 목표가 달성 되었지만 개입과정에 대한 클라이언트의 평가, 즉 과정평가의 내용은 부정적일 수 있음

3) 실무자평가 ★★

① 실무자 평가는 실무자에 대한 평가로서 사회복지사의 행동, 태도, 속성 등이 개입 과정에 어떤 영향을 미쳤다고 생각하는지에 대한 피드백을 요청하는 것

② 사회복지실천 과정 및 결과가 보다 효과적이기 위해 사회복지사는 실무자 평가에 대한 내용을 긍정적으로 받아들이고 개선을 위해 활용해야 함

4) 형성평가(formative evaluation) ★★

① 활동의 진행과정에서 개입을 부분적으로 수정 · 개선 · 보완하는 데 필요한 정보를 얻기 위하여 주기적으로 진전 상황을 평가하는 활동

② 사회복지사가 과정을 검토하도록 하고 필요한 경우에 개입계획을 수정할 수 있도 록 함. 이러한 의미에서 형성평가는 실천과정을 점검하는 평가라고 할 수 있음

5) 총괄평가(summative evaluation) ★★

① 활동이 종결되었을 때, 그 활동의 결과로서 산출된 성과와 효율성에 대하여 종합 적인 가치 판단을 하는 평가

② 사회복지실천에서 개입(프로그램)이 종결되었을 때 그것의 효과성, 즉 목적달성 여부와 관련하여 그 요인을 분석하는 것을 말한다. 이러한 면에서 형성평가와 대 조됨

③ 개입이 목표로 하는 바를 얼마나 잘 성취했는지를 평가하는 것으로 개입방법의 성 과나 효과, 즉 효율성과 효과성을 평가함

6) 클라이언트 만족도 평가 ★★

① 개입기간 동안 클라이언트가 받은 서비스 혹은 프로그램에 대해 클라이언트의 의 견을 구하는 평가방법

② 단일사례나 또는 비슷한 서비스를 받은 모든 클라이언트 또는 특정 사회복지사의 서비스를 받은 모든 클라이언트에게 행할 수 있음

③ 개입의 결과에 대한 클라이언트의 주관적 인식을 알 수 있을 뿐, 개입의 효과성을 측정하는 것은 아님

④ 프로그램이나 서비스 등 개입에 적극적으로 참여했거나 좋은 인상을 받은 클라이언트는 높게 점수를 주는 경향이 있고, 서비스에 만족하지 못했거나 소극적으로 참여한 클라이언트는 조사에 응하지 않았을 가능성이 크기 때문에 만족도 결과가 긍정적인 방향으로 치우칠 가능성이 있다는 점을 유의해야 함

7) 동료검토

(1) 특징

① 사회복지사의 사회복지 실천 활동에 대해 동료 사회복지사가 평가하는 것

② 동료검토를 통한 평가의 목적은 사회복지사 개인의 개입과정에서 나타나는 문제점을 수정하고 개선하며, 기관의 정책이나 절차에 대한 수정이 필요하면 요구하려는 것

③ 동료검토는 개입의 결과보다는 개입의 과정에 초점을 두는 것으로서 사회복지사 자신들이 좋은 실천 활동이란 어떤 것인지에 대한 기준과 원칙을 논의하면서 평가에 반영하기도 하고 자신들의 실천 활동 수준을 발달시킴

01) 클라이언트의 인식에 기초한 질적 평가의 목적이 아닌 것은?   (15회 기출)

① 긍정적 피드백으로 사회복지사의 소진 예방

② 의도된 성과 외에 부가적인 성과 확인

③ 기여요인과 방해요인에 대한 피드백

④ 변화의 일반적인 요인 외에 특수한 요인을 발견하고 실천에 통합

⑤ 클라이언트의 시각에서 프로그램 의미 도출

☞ 해설

클라이언트 인식에 기초한 질적 평가의 목적이 긍정적 피드백으로 사회복지사의 소진을 예방하는 것은 아니다. 오히려 클라이언트의 인식에 기초한 평가는 사회복지사가 실천 과정에서 부족했거나 부적절한 측면을 밝혀낼 수도 있다.

정답: ①

02) 형성평가에 관한 설명으로 옳지 않은 것은?   (16회 기출)

① 프로그램의 최종 목표 달성 여부를 효과성과 효율성 측면에서 평가한다.

② 개입이 이루어지는 동안 발생하는 자료를 수집하여 환류하는 것을 중시한다.

③ 현재와 미래에 관련된 프로그램 수행상의 문제해결이나 결정을 내리기 위해 실시한다,

④ 프로그램의 전달체계, 기관의 운영상황, 클라이언트의 욕구 등을 염두에 두고 시행한다.

⑤ 서비스이용자의 욕구를 반영하여 사회복지사가 기대했던 진전이 이루어지고 있는지를 사정한다.

☞ 해설

프로그램의 최종 목표 달성 여부를 효과성과 효율성 측면에서 평가하는 것은 총괄평가이다.

정답: ①

제24장
|
단일사례설계 기타평가

1. 단일사례(연구)설계

1) 단일사례설계(single subject design)의 개념

① 단일사례설계는 개인 및 가족, 소집단 등을 대상으로 문제를 해결하기 위한 개입
의 효과를 과학적으로 집중하는 조사설계방법

② 클라이언트에 대한 개입 및 결과의 인과관계를 살펴보기 위해 통제된 환경에서 개
입 전과 개입 후의 변화를 시계열적으로 반복해서 측정하여 평가하는 것

③ 일반적으로 평가의 대상은 한 사람의 개인, 하나의 집단, 하나의 가족, 하나의 기
관이 되지만, 한 명 이상의 클라이언트를 대상으로 하는 경우에도 적용

2) 단일사례설계의 특징 ★★★

(1) 개입의 효과성 분석

단일사례연구의 일차적인 목적은 가설의 검증에 있는 것이 아니라 어떤 표적행동에
대한 개입의 효과성을 분석하는 데 있음

(2) 표본의 크기=1, 분석단위=1, N=1
① 단일한 대상(개인, 집단, 조직, 지역사회 등)사례, 즉 하나의 대상 또는 사례를 대상으로 함
② 조사의 대상이 되는 사례는 개인 또는 집단이다. 가족이나 집단도 대상이 될 수 있지만 가족 또는 집단 전체를 하나의 사례로 봄
③ 집단구성원들의 정보는 개별적으로 취급되는 것이 아니라 집단 전체의 평균이나 빈도 등으로 요약되어 하나의 사례로 취급됨

(3) 반복적인 관찰 ★★
① 경향과 변화 정도를 알 수 있도록 반복적인 관찰
② 통제집단이 없는 대신 하나의 사례를 반복적으로 측정함으로써 개입의 효과를 파악

(4) 즉각적인 환류 ★★
① 반복적이고 연속적으로 자료를 수집하기 때문에 개입으로 인한 조사대상의 변화를 주기적으로 파악할 수 있음
② 사례를 진행하는 도중에 도출되는 정보는 환류-수정의 반복적인 과정을 통해 새로운 개입방법을 수립하거나 개입방법을 수정함으로써 개입효과를 높임

(5) 통제집단 없음
① 클라이언트는 스스로 통제집단이 되기 때문에 통제집단이 없음
② 클라이언트의 문제, 상황, 목적에 관련된 개별화된 기초선(baseline)은 개입과정 동안 변화를 측정하는 기준이 됨

(6) 개입 전후 비교
단일사례설계는 개입 전을 통제상태로 보고 개입 중 또는 개입 후의 상태를 실험처치 후의 상태로 보아 개입 전후를 비교하는, 실험조사설계의 통제집단 후 비교설계와 같은 논리를 찾음

3) 단일사례설계 수행과정

(1) 문제의 확인 · 규정

① 조사대상이 가지고 있는 문제는 조사대상자 자신, 가족, 이웃 등 관련 인물들에 의해 확인될 수 있음

② 문제가 확인되면 명확히 규정해야 함

(2) 변수의 선정

① 문제가 규명되면 문제를 경험적으로 인식할 수 있는 실험에 사용할 변수를 선정해야 함

② 실험에 사용할 변수는 문제를 합리적으로 대표할 수 있는 타당한 지표여야 함

(3) 측정대상 선정

① 선정된 변수의 속성 중 어느 측면을 측정할 것인지 결정함

② 측정대상은 반복관찰이 가능해야 하므로 정기적으로 측정하기에 충분히 자주 나타나야 함

(4) 개입목표의 설정

① 개입목표를 설정하되 구체적이고 명확할수록 문제해결이 용이함

② 문제의 원인을 제거할 것인가? 문제 자체를 완전히 해결할 것인가? 등으로 목표를 설정함

(5) 조사설계

AB, ABA, ABAB등 구체적인 설계형태와 관찰시기 및 횟수, 자료의 출처, 자료수집 방법, 기록 방법 등에 대해 계획함

(6) 조사실시

① 설계에 따라 개입 전과 중간 등에 대한 자료를 수집함

② 자료는 그래프로 표시하고 그래프에 나타난 변화추세를 정리함

(7) 개입평가(자료분석)

자료수집이 완료되고 그래프가 완성되면 변화의 파동, 수준, 경향 등을 검토하여 개입의 효과성을 평가함

4) 단일사례설계의 기본 개념

(1) 기초선단계(baseline phase)

① 단일사례연구설계에서 변화의 정도를 측정하기 위해 개입시점에서 설정하는 기준선으로 개입하기 이전단계이며 A로 표시함
② 대개 며칠 또는 몇 주간의 표적행동의 빈도, 강도, 지속시간을 관찰함으로써 설정됨
③ 개입 전에 관찰이 허용되지 않으면 이전의 행동패턴에 초점을 둔 클라이언트, 또는 클라이언트의 가족, 중요한 타인과의 면접 또는 기관의 기록 등의 정보를 통해 회고적으로 기초선을 설정할 수 있음
④ A: 보통 설정된 기초선을 의미하며, 개입 전 국면이라고 함

(2) 개입단계(intervention phase)

실험설계에서 실험집단의 역할을 하며, 개입이 시작된 후 표적문제에 대한 자료를 수집함

5) 단일사례설계의 유형 ★★★

(1) AB설계: 기본단일설계(기초선 → 개입단계) ★★★

① 기초선(A) 설정 후 개입(B)이 뒤따르는 것을 말함
② 개입 전 국면(A)에는 개입이 없으며 단순히 표적행동빈도 등에 관한 관찰만 이루어짐
③ 개입이 표적행동의 변화에 미치는 효과의 신뢰도가 낮음

(2) ABA설계(기초선 → 개입단계 → 제2기초선) ★★★

① AB설계에 개입 이후 또 하나의 기초선(A)을 추가한 설계
② 일정 기간 개입하고 나서 개입 중단 후 표적행동을 관찰하는 설계

③ 기초선(A) - 개입(B) - 기초선(A)의 형태

④ 개입 이후에 기초선 관찰이 다시 이루어짐

⑤ 두 번째 기초선 기간은 처음 기초선과 같은 상태로 돌아간다는 의미에서 반전기간
또는 제2기초선이라고 함

⑥ 제2기초선을 추가함으로써 AB설계의 낮은 신뢰도 문제를 극복함

⑦ 단점: 윤리적인 문제로서 개입의 효과를 평가하기 위한 목적으로 인해 개입을 중단
하는 것은 윤리적인 문제를 일으키며 개입의 효과가 지속되고 있는지 알 수 없음

(3) ABAB설계(기초선 → 개입단계 → 제2기초선 → 개입국면) ★★★

① ABAB설계는 외생변수를 좀 더 효과적으로 통제하기 위해 제2기초선(A)과 제2개
입단계(B)를 추가하는 것임

② 기초선(A) → 1차 개입(B) → 반전, 철회(A) → 2차 개입(B)의 형태임

③ 두 번째(A)에서는 개입을 철회함

④ 개입과 철회를 반복함으로써 같은 결과가 나오면 인과관계를 명확히 할 수 있음

⑤ 개입을 철회하는 경우 윤리적인 문제가 발생할 수 있다는 단점이 있음

⑥ 제2기초선과 제2개입단계를 추가한 설계이므로 철회/반전설계라고도 부름

(4) BAB설계 (개입단계 → 기초선 단계 → 개입단계) ★★

① 기초선 측정 없이 바로 개입할 때 사용하는 설계

② 클라이언트가 위기에 처해 있거나 기초선을 측정할 수 없는 상황에서 바로 개입하
는 설계

③ 클라이언트 상황이 어느 정도 안정되면 개입을 중지하고 기초선 단계 자료를 수집

④ 개입이 이루어지기 전에 기초선을 측정하지 못했기 때문에 개입의 효과성을 알기
어렵고 개입 이후에 기초선을 측정하더라도 이미 개입이 이루어졌기 때문에, 기초
선에는 개입의 효과가 어느 정도 반영됨

(5) 다중요소설계(기초선 단계 → 서로 다른 개입방법 사용)

① ABCD, ABAC, ABACA 설계 등

② 하나의 기초선 자료에 대해 여러 개의 각기 다른 개입방법을 연속적으로 도입해
   보는 것

③ A는 기초선이고 B, C, D는 각기 다른 개입방법

(6) 복수(=다중)기초선(multiple baseline)설계 ★★

① 둘 이상의 클라이언트, 둘 이상의 상황이나 문제에 대해 AB설계를 반복하여 외부
   사건을 통제하는 설계

② 둘 이상의 기초선을 정하기 위해 개입을 중단하는 대신 둘 이상의 기초선을 동시
   에 시작하고, 개입은 각 기초선의 다른 시점에서 시작

③ 예를 들어, 학교생활에 문제가 있는 아동에게 개입할 때 하나의 기초선을 학교출
   석률로, 두 번째 기초선을 숙제에 대한 등급으로, 세 번째 기초선을 교사의 판단으
   로 설정할 수 있음

④ 표적행동이 아주 구체적이지 않은 이상 개입의 영향을 밝히기 위해 대개 복수기초
   선을 활용

⑤ 개입을 중단하는 대신에 동시에 개입을 시작하므로 윤리적 · 실천적 문제를 피할
   수 있음

⑥ 개입의 인과적 결론을 더욱 확실히 하기 위해 개발된 것이다. 즉, 여러 문제, 여러
   상황, 여러 사람에게 적용하여 같은 효과를 얻음으로써 개입의 인과적 효과와 확
   신을 높이려는 것

(7) 철회설계 ★

① 개입을 중단하여 목표행동에 미치는 영향을 알아보고자 하는 설계로서, ABA설계,
   ABABA 설계 등이 이에 속함

② 기초선(A) 측정 후 일정 기간 동안 개입(B)을 하고, 일정 기간 동안 개입을 중단(A)함

③ 개입한 상태와 하지 않은 상태를 두 번 관찰할 수 있기 때문에 AB설계에 비해 개
   입에 대한 확신을 얻을 수 있음

④ 타당도를 저해하는 요인들(역사, 성숙, 통계적 회귀 등)을 통제하는데 유용하지만
   의도적으로 개입을 철회(중단)하는 것은 윤리적으로 문제가 있음

⑤ 단점은 이월효과, 순서효과, 우연한 사건과 관련된 제한점들이 있음

6) 종속변인 및 측정방법

(1) 측정방법

① 종속변인은 빈도, 지속기간, 강도 또는 양으로 측정할 수 있음
② 표준화된 척도를 이용할 수 있다. 표준화된 척도는 신뢰도 및 타당도가 검증된 척도

(2) 개별화된 평가척도

① 클라이언트의 표적문제를 관찰하기가 용이하지 않을 때 사용할 수 있는 측정도구
② 단일사례설계에서 행동을 종속변인으로 설정하는 경우가 많은데 관찰을 해서 측정 가능하기 때문이다. 그러나 클라이언트의 표적문제를 행동으로 조작화하기 어려운 경우에는 개별화된 평가척도를 사회복지사가 개발하여 사용할 수 있다. 일반적으로 5점이나 9점 척도로 만들어짐

2. 기타 평가방법

1) 과제성취척도(=과업성취척도, task achievement scale)

(1) 특징

① 개입과제를 성취한 정도를 평가하는 방법으로 사례에 대한 개입활동이 기초선을 설정하거나 단일사례설계를 이용하기 어려울 때 유용하게 활용된다. 특히 기초선의 설정이나 단일사례설계의 적용이 어려울 때 또는 단기서비스 상황에 적용되는 것으로, 과제중심실천에서 개발됨
② 과제중심실천은 목표를 위한 작업을 여러 개의 독립적인 활동과 과제로 세분화하고 이를 약 1~2주 안에 수행하는 것을 목적으로 한다. 이 때 합의된 과제가 실제로 달성되었는지를 측정하는 것이 과제성취척도
③ 보통 4점 척도(1. 최소한 달성 또는 전혀 달성되지 않음, 2. 부분적 달성, 3. 상당히 달성, 4. 완전 달성)를 사용

④ 시간과 자료가 부족할 때 사용할 수 있는 이점이 있음

2) 목표달성척도(=목적성취척도, Goal Attainment Scale, GAS)

(1) 특징

① 목표달성척도는 클라이언트가 개별화된 목표에 도달한 정도를 측정하는 평가도구

② 표준화된 척도와는 달리 측정을 위한 내용이 미리 정해져 있지 않고 클라이언트 개인 목표에 따라 자유롭게 정할 수 있는 장점이 있는데 이는 개별화의 원리에 부합

③ 클라이언트와 사회복지사의 목표가 의미하는 바를 명확히 이해할 수 있게 하며, 목표달성정도를 수치로 표시할 수 있는 장점이 있음

(2) 절차

① 클라이언트의 목표를 결정

② 목표달성 정도를 5점 척도화함(-2점, -1점, 0점, 1점, 2점)

③ 목표달성척도표를 작성한다. 목표달성척도를 만든 후 평가를 위한 기간을 정하고 사회복지사와 클라이언트가 함께 목표달성 정도를 평가

01) 단일사례에 관한 설명으로 옳지 않은 것은?   (14회 기출)

① 개입 이후에 기초선 자료를 수집할 수 있다.

② 다수의 클라이언트의 변화를 점검할 수 있다.

③ 개입의 효과성을 알기 위해 반복측정을 해야 한다.

④ 측정지수에는 긍정적 지표와 부정적 지표가 있다.

⑤ 개입과정에서 개입의 강도나 방식을 바꿀 수 없다.

☞ 해설

단일사례설계에는 다중요소설계는 개입과정에서 개입의 강도나 방식을 바꿀 수 있다.

정답: ⑤

02) 다음 사례에 해당되는 단일사례설계 평가유형은?   (17회 기출)

> 대인관계 문제로 어려움을 겪던 재훈이와 수지는 사회성 측정 후 사회기술 훈련
> 에 의뢰되었다. 재훈이는 곧바로 사회기술훈련을 시작하여 사회성이 변화추이
> 를 측정해 오고 있으며, 수지는 3주간 시간차를 두고 사회기술훈련을 시작하면
> 서 변화추이를 관찰하였다.

① AB 설계   ② ABAB 설계   ③ BAB 설계
④ 다중(복수)기초선 설계   ⑤ 다중(복수)요소 설계

☞ 해설

④ 다중(복수)기초선설계(multiple baseline design)는 서로 다른 문제, 서로 다른 상
　황이나 대상자에 대해 AB설계를 반복하여 외부 사건을 통제하는 설계이다. 재훈이
　와 수지는 대인관계라는 공통된 문제를 겪고 있지만 각각 다른 시점에 개입을 시작
　함으로써 기초선이 두 개가 설정되므로 다중기초선 설계로 볼 수 있다.   정답: ④

참고문헌

- 구혜영. 『사회복지실천기술론』. 서울: 신정, 2010.
- 권육상 외. 『사회복지실천기술론』. 서울: 유풍, 2008.
- 권중돈, 김동배. 『인간행동과 사회환경』. 서울: 학지사, 2006.
- 김경호. 『사회복지실천기술론』. 서울: 청목, 2005.
- 김은수. 『사회복지실천기술론』. 서울: 홍익재, 2008.
- 김정진, 임은희, 권진숙. 『사회복지실천기술론』. 서울: 서현사, 2007.
- 김충식 외. 『사회복지실천기술론』. 경기: 공동체, 2009.
- 김혜란 외. 『사회복지실천기술론』. 경기: 나남, 2006.
- 박영숙 외. 『사회복지실천기술론』. 서울: 대왕사, 2008.
- 사회복지교육연구센터. 『사회복지실천기술론』. 서울: 나눔의집, 2017.
- 사회복지사 1급 시험연구회. 『사회복지실천기술론』. 서울: 나눔의집, 2009.
- 생각의마을. 『에쎕사회복지실천기술론』. 경기: 공동체, 2019.
- 설진화. 『사회복지실천기술론』. 경기: 양서원, 2010.
- 손광훈. 『사회복지실천기술론』. 경기: 공동체, 2009.
- 신성자 외. 『사회복지실천기술론』. 경기: 양서원, 2010.
- 어대훈. 『2019어대훈의 사회복지사』. 서울: 박문각, 2018.
- 엄명용, 노충래, 김용석. 『사회복지실천기술의 이해』. 서울: 학지사, 2008.
- 윤현숙 외. 『사회복지실천기술론』. 서울: 동인, 2005.
- 이애재. 『사회복지실천기술론』. 경기: 양서원, 2006.
- 이윤로 외. 『사회복지실천기술론』. 서울: 학지사, 2009.
- 이윤로 외. 『사회사업실천기술론』. 서울: 현학사, 2003.
- 이준우 외. 『사회복지실천기술론』. 서울: 인간과복지, 2006.
- 임상록 외. 『사회복지실천기술론』. 서울: 파란마음, 2010.
- 장수미 외. 『사회복지실천기술론』. 서울: 학지사, 2010.
- 전남련 외. 『사회복지실천기술론』. 서울: 학현사, 2007.
- 전재일 외. 『사회복지실천기술론』. 경기: 형설, 2002.
- 조휘일 외. 『사회복지실천기술론』. 서울: 학현사, 2005.
- 최선화. 『풀어 쓴 사회복지실천기술론』. 경기: 공동체, 2006.